国家社会科学基金项目（项目编号：20BGL074）的成果之一

企业跨界创新的
格局、风口与抉择

朱艳阳◎著

THE SYSTEM EVOLUTION, TUYERE AND
DECISION OF ENTERPRISE CROSS-INDUSTRY
INNOVATION

经济管理出版社
ECONOMY & MANAGEMENT PUBLISHING HOUSE

图书在版编目（CIP）数据

企业跨界创新的格局、风口与抉择/朱艳阳著 . —北京：经济管理出版社，2021. 7
ISBN 978 - 7 - 5096 - 8118 - 3

Ⅰ. ①企…　Ⅱ. ①朱…　Ⅲ. ①企业创新—研究　Ⅳ. ①F273. 1

中国版本图书馆 CIP 数据核字（2021）第 135869 号

组稿编辑：郭丽娟
责任编辑：郭丽娟　谢　妙
责任印制：张馨予
责任校对：陈　颖

出版发行：经济管理出版社
　　　　　（北京市海淀区北蜂窝 8 号中雅大厦 A 座 11 层　100038）
网　　址：www. E - mp. com. cn
电　　话：（010）51915602
印　　刷：唐山玺诚印务有限公司
经　　销：新华书店
开　　本：720mm×1000mm/16
印　　张：11. 25
字　　数：179 千字
版　　次：2021 年 9 月第 1 版　　2021 年 9 月第 1 次印刷
书　　号：ISBN 978 - 7 - 5096 - 8118 - 3
定　　价：78. 00 元

前　言

　　"跨界"和"跨界创新"成为媒体热词，源于企业跨界创新的实践带来的巨大颠覆效应。随着移动互联、大数据和云计算等技术的发展，智能手机、移动支付等跨界创新产品横空出世，所属新兴行业迅速崛起，以迅雷不及掩耳之势，重创甚至击溃了数字手机、数码相机、自动柜员机等相关传统行业。震惊之余，企业界、媒体乃至社会各界都开始关注并热议"跨界"和"跨界创新"所带来的企业竞争规则、企业发展战略甚至人类生活方式的深刻变化。

　　笔者近年来投入了大量精力持续关注企业跨界创新的实践案例和理论研究成果，在案例分析和文献阅读的基础上，从企业跨界创新的局部问题研究到本书整体理论结构的建立，均经历了反复思考与认真打磨的较长过程。国内外学者关于跨界创新的理论研究滞后于企业实践，对跨界创新概念的理解有较大差异，且关注点分散，尚未形成统一的理论框架。本书以企业打破行业边界开发跨界创新产品的活动为研究对象，界定跨界创新的概念，分析企业跨界创新带来的系统演变，研究跨界创新风口形成与识别的规律，探讨企业在跨界创新的风口出现时进行抉择的理论依据和现实策略。

　　什么是跨界创新？学术界尚无相对统一的定义。因为研究视角的差异，不同学者对跨界创新概念的理解尚存在较大差别。本书主要研究企业打破行业边界开发跨界创新产品的客观规律，因此，需要从企业的视角定义跨界创新。跨界创新（Cross – industry Innovation）是指企业突破行业边界的原创性或者系统性的应用技术创新，跨界创新产品集成了两个以上原行业产品的功能，与原行业产品相比，极大地提升了消费者的体验感和满意度，市场竞争力极强。首先，跨界创新特指突破行业边界的应用技术创新；其次，跨界创新是一种系统性或者原创性的交叉复合创新，跨界创新的产品集成了多个行业产品的功能，开创了蓝海市场；最后，跨界创新通过嫁接外行业的价值，从而实现价值跨越，极大地提升了消费者的满意度，不经意间击垮了相关行业的竞争对手。

企业跨界创新格局的研究。跨界创新的格局是指企业跨界创新波及的范围和引发的系统演化。发源于某个卓越非凡的企业的跨界创新，既不是一个企业的故事，也不是一个行业的故事，跨界创新必将演化为两个以上的行业中所有企业的故事。因此，跨界创新有属于自己的生态系统，有属于自己的格局。唯有从宏观、中观和微观视角去分别分析，方能既见树木又见森林，更加清晰地洞察跨界创新带来的系统演变。为了看懂、看清跨界创新的格局，本书把视线拉长、视野拓宽，从涵盖跨界者和被跨界者的视野高度，以新旧行业和产业链演化成为相对稳定的新系统的时长为限，来总揽并描述跨界创新的格局。在跨界竞争的格局中，跨界者阵营的竞争地位最强，留守者阵营次之，被跨界者阵营最弱。当跨界者打破行业界限，开发出跨界创新产品之际，新旧行业的演化就开始了。系统演化的结果是被跨界行业及其产业链消失或者衰退，留守者所在行业及其产业链萎缩，新行业及其产业链快速崛起。

跨界创新风口的规律。跨界创新的风口是指企业开发跨界创新产品成功概率很高的技术和产业领域。沿着技术成长的周期、跨界创新产品的特点、消费者需求的潜力等线索，可以识别跨界创新的风口。黑科技是跨界创新的飓风之源，黑科技在其成长周期的不同阶段，孕育跨界创新产品的能力是存在较大差异的，当一个跨界创新产品同时需要几个技术领域的黑科技时，会受到成长最滞后的技术领域的制约。跨界创新产品开发和推广所需核心技术还不成熟时，风口处于早期阶段，还不能算是真正的风口，此时企业跨界创新成功的概率低；跨界创新风口的成熟度较高时，企业跨界创新成功的概率高。

企业跨界创新抉择的分析。当跨界创新风口出现时，企业是否选择跨界？何时跨界？怎么跨界？这是企业必须面临的抉择。面对跨界创新风口带来的机遇与挑战，笔者分别从建模推导和实战方法论的角度分析，发现在跨界创新格局中，处于不同地位的企业，最优决策亦不同。竞争优势是企业进入风口的必要条件，没有竞争优势的企业进入风口必然会以失败告终。风口的成熟度是企业选择进入风口时机的最重要的参照指标。消费者导向的产品策略、市场导向的差异化策略和其他优势加持的"正面刚"策略是跨界者可以相机抉择的策略。在跨行业的博弈中，处于优势行业中的企业具有跨界创新的先天技术优势；处于劣势行业中的企业，虽然与风口的关联度高，但技术上不占优，处于跨界没优势、不跨界被颠覆的险恶境地。劣势行业和其他行业中的企业，可以提前布局，通过整合资源弥补技术短板，依靠后天努力积累优势，从而加入风口的博弈。

　　本书的主要学术创新：一是研究视角和理论体系创新，从企业跨行业研发跨界创新产品这一视角出发，界定跨界创新概念的内涵和外延，并以此概念为起点建立了全新的理论研究框架；二是理论研究和学术观点创新，探讨了跨界创新引发的企业和行业兴衰的系统演化规律，分析了识别跨界创新风口的路径和方法，推演了企业跨界创新的抉择依据；三是研究方法应用领域的创新，用演化博弈理论分析企业跨界创新的动态演化过程及其稳定态，发现企业跨界创新策略选择的决策依据，目前尚未发现其他学者用该方法开展跨界创新的研究。本书主要采取了案例分析、文献研究、逻辑推理、数学建模等研究方法。通过企业跨界创新的经典案例分析，发现其中的共性和规律，梳理理论研究的思路；通过阅读文献和综述，明确研究基础、研究方向和理论框架；通过建立演化博弈的复制动态模型，分析企业跨界创新的动态演化过程及其稳定态，探讨企业跨界创新策略选择的决策依据。本书以案例分析为起点，将理论研究与案例分析相结合，研究结论可以作为企业跨界创新决策的参考依据。

　　本书完稿正式交付出版之时，距离笔者开始关注跨界创新的日子，已经过去6年了，"跨界创新"一词的媒体热度与6年前相比，已然大幅度降低。不过，媒体热度的降低并不意味着研究跨界创新规律的重要性降低，相反，跨界创新的研究反而愈加重要和紧迫。目前恰好处于两轮跨界创新波峰之间的平稳期，虽然以智能手机和移动支付为代表的上一轮企业跨界创新浪潮的波峰已过，但是，随着5G、人工智能和曲面屏等技术的日益成熟，新一轮跨界创新的风口正在不远的时光隧道的拐角处静候，可穿戴智能机、智能宠物等市场潜力巨大的跨界创新产品，正在未来的时间窗口处等着跨界者去开发。跨界创新的新浪潮势必带来新的颠覆与洗牌，企业家急需科学系统的跨界创新理论作为决策依据，前瞻性地洞察并把握新机遇，在未来的跨界竞争中脱颖而出，成为更璀璨的人类文明创造者和引领者。期待本书能够成为企业家朋友的必读书目，也希望本书的研究成果能为构建跨界创新理论的科学体系贡献绵薄之力。

目　录

第一章　跨界创新的时代

　　"跨界创新"，一个风靡一时的词汇，诠释了时代变迁的旋律与节奏。跨界创新时代，风口企业的成长速度令人惊叹，砰然倒下的科技企业巨擘却令人扼腕叹息！在这样的时代，企业诞生、成长与解体的路径已今非昔比，企业界的弄潮儿，面对传统竞争，尚能立于潮头，但面对跨界创新的冲击，是否还能笑傲江湖？

一、企业跨界创新的实践

　　当今社会，"跨界创新"一词之所以如此抢眼，根源是诸多企业跨界创新的实践，触动了大家的神经，震撼了大家的心灵。从强度上看，企业跨界创新的成功案例接踵而至，颠覆效应叠加，强烈地冲击着世人的感知；从格局上看，跨界创新颠覆了大家习以为常的定式，企业的主要竞争对手不再局限于行业内，来自外行业的"怪咖"，随时可能携跨界创新的利器，蚕食本行业的市场；从变革上看，跨界创新产品的竞争力如此之强，不仅改写了企业和行业的竞争规则，还迅捷地、深度地、不可逆地改变着人类的生活方式。

　　近年来，企业跨界创新的实践案例较多，不过，影响深远的成功案例数量并不多，因此，通过个案分析方法来研究其规律是切合实际的。这里，选择了苹果公司、支付宝和腾讯公司的跨界创新案例展开分析，旨在深入了解这些企业跨界创新的历程，归纳总结它们成功的经验，并以案例分析的结论为基础，构建跨界创新理论研究的框架。

（一）苹果公司的跨界创新

苹果电脑公司（Apple Computer Inc.）成立于 1976 年 4 月 1 日，主营个人计算机（Personal Computer，PC）的生产及销售，开发了多款产品性能和市场表现俱佳的个人电脑，在 PC 行业颇具盛名。从 1985 年到 1997 年，乔布斯被剥夺了公司的管理权，公司经历了长达 12 年的衰落期。在 1997 年乔布斯回归后，抓住了两次跨界创新的机遇，公司东山再起，绽放出令世人惊叹的光芒。跨界后的公司在发展战略和产品结构上均发生了巨大变化，为顺应新的格局，2007 年 1 月 9 日苹果电脑公司更名为苹果公司（Apple Inc.）。

1. 苹果公司的两次跨界创新

苹果公司是一个既具有跨界创新实力，也具有跨界创新基因的公司。苹果公司的灵魂人物乔布斯，既是技术达人，也是市场感知力极强的商业奇才。他主导开发的两款跨界创新产品，不仅使苹果公司从 PC 行业跨界进入了数码音乐播放器行业和智能手机行业，也将苹果公司推上了事业发展的巅峰。

第一次跨界创新：2001 年 10 月 23 日，苹果电脑公司推出 iPod 数码音乐播放器，以及与之配套的独家 iTunes 网络付费音乐下载系统。iPod 是一款成功的跨界创新产品，它是第一个把互联网音乐与 MP3 随身听捆绑销售的产品。许多消费者都愿意单次或者包月付费到 Apple 官方网站下载歌曲，这种方式还能够确保唱片公司获得利润，因此得到了消费者和唱片商的双重支持。iPod 不仅拥有漂亮的外形、人性化的操作方式和巨大的容量，更重要的是，iPod 成为 MP3 音乐文化的一个标志。iPod 用全新的理念重新诠释了 MP3 播放器，因其独特的风格而受到市场追捧，一举击败索尼公司的 Walkman 系列，成为全球占有率第一的便携式音乐播放器。随后，苹果推出了覆盖各个细分市场的 iPod 系列产品，并不断升级换代，更加巩固了苹果在商业数字音乐市场不可动摇的地位。[①] 下文列有苹果公司第一次跨界创新的大事记（见表 1 - 1）。

---

① 魏炜，胡勇，朱武祥. 变革性高速成长公司的商业模式创新奇迹——一个多案例研究的发现［J］. 管理评论，2015（07）：218 - 231.

表1-1　苹果公司第一次跨界创新的大事记

跨界创新产品	跨界创新产品的推出时间和升级换代进程	
	时间	事件
iPod 数码音乐播放器	2001-10-23	推出 iPod 数码音乐播放器，配合其独家的 iTunes 网络付费音乐下载系统，大获成功。
	2002-06-17	推出支持 Windows 操作系统的"Windows 版 iPod"。
	2003-04-28	随着 iTunes 商店的开通，发布了第三代 iPod，是 iPod 系列中变化最大的一代，完全采用了触摸式操作。
	2004-01-06	发布 iPod mini，是 iPod 的微型版产品。
	2004-07-19	发布第四代 iPod，沿用了 iPod mini 上的"ClickWheel"操纵设计，"播放"等按钮又改为机械式开关。
	2005-01-11	发布 iPod shuffle，是首次使用闪存作储存媒介的机种。
	2005-09-07	发布 iPod mini 的继任者 iPod nano，用闪存代替了硬盘。
	2005-10-12	发布 iPod Video，具有播放 MPEG-4 和 H.264 影片的功能。
	2007-09-05	第一代 iPod touch 公开发布。iPod touch 可以说是 iPhone 的精简版。该产品推出后，冲击了游戏掌机市场，成为世界第一的新任掌机。

资料来源：根据苹果公司官网消息整理得到。

　　第二次跨界创新：2007 年 6 月 29 日，苹果公司向市场发售第一代 iPhone。在 2007 年 1 月 9 日的发布会上，乔布斯宣布要发布"一款触控屏 iPod、一部手机和一个互联网浏览器"，接着他说"这不是 3 个设备，这是 1 个设备，它叫 iPhone"，顿时，台下群情激昂、一片欢呼。iPhone 是一个非常成功的跨界创新产品，它集成了 iPod 和手机的功能，也是一个上网工具和流动电脑。它拥有多项超前的设计，例如采用电容屏幕和多点触控技术，首创了手机的正面无键盘大屏幕，是第一款不能自由拆卸电池的手机。当然，第一代 iPhone 也存在较多缺陷，最致命的是当时的 iOS 系统体验比塞班系统还差。值得庆幸的是，瑕不掩瑜，因为功能的多样化、超前的设计、时尚的外观和消费者对品牌的认同，iPhone 征服了市场，开启了智能手机行业的新纪元。此后，苹果公司不断对

iPhone 进行升级换代，滋养着全球众多的"果粉"，苹果公司也因此牢牢占据了全球智能手机高端市场的头把交椅，成为当今世界最有影响力的科技公司之一。下文列有苹果公司第二次跨界创新的大事记（见表 1-2）。

表 1-2 苹果公司第二次跨界创新的大事记

跨界创新产品	跨界创新产品的推出时间和升级换代进程	
	时间	事件
iPhone 智能手机	2007-06-29	推出了 iPhone，一个结合了 iPod 和手机功能的科技产品，也是一个上网工具和移动电脑。
	2008-07-11	推出 iPhone 3G，iOS2x 版正式提供全球语言可操作功能。
	2009-06-25	推出 iPhone 3GS，其运行速度是前两代 iPhone 的两倍多，并且加入了指南针、摄像等功能。
	2010-06-08	正式发布 iPhone 4。
	2011-10-05	推出 iPhone 4S、iOS 5、iCloud。同时发布 iPhone 48G 版。
	2012-09-13	发布 iPhone 5。
	2013-09-11	发布 iPhone 5s 及 iPhone 5c。
	2014-09-09	发布 iPhone 6、iPhone 6 Plus，以及苹果首款可穿戴智能设备 Apple Watch。
	2015-09-09	正式发布 iPhone 6s 及 iPhone 6s Plus。
	2016-09-08	发布 iPhone 7 及 iPhone 7 Plus。
	2017-09-13	发布 iPhone 8、iPhone 8 Plus、iPhone X。
	2018-09-13	发布 iPhone XS、iPhone XS Max、iPhone XR。
	2019-09-11	发布 iPhone 11、iPhone 11 Pro、iPhone 11 Pro Max。

资料来源：根据苹果公司官网消息整理得到。

2. 苹果公司跨界创新的影响

苹果公司的跨界创新，直接的、直观的影响是相关行业被颠覆，重新洗牌；间接的或者深层次的影响还有很多，暂不详细分析。这里仅探讨苹果公司的两次跨界创新，分别跨了什么界，动了哪些行业和企业的奶酪。

第一次跨界创新，推出了 iPod 数码音乐播放器，从个人电脑行业跨界进入数码音乐播放器行业，并且迅速成为该行业市场占有率第一的制造商。苹果公司跨界之前，数码音乐播放器行业的所有生产商，尤其是市场占有率很高的索尼等公司，是苹果跨界创新的直接受损方。

第二次跨界创新，推出了 iPhone 手机，从个人电脑行业跨界进入手机行业，成为智能手机行业的引领者。第一代 iPhone 就是一个集成了多种产品功能的跨界创新产品，既有传统手机的功能，也有 iPod、掌上电脑和上网的功能，因此，iPhone 不仅跨了手机行业的界，还同时跨了数码音乐播放器和掌上电脑等行业的界。被跨界的行业遭遇了被颠覆和重新洗牌的命运，甚至个人电脑行业也因为 iPhone 具备掌上电脑和上网功能而受到较大冲击。此后，随着移动互联和大数据技术的快速发展，智能手机的换代升级，第三方 APP 的种类日益丰富、功能越发强大，被智能手机冲击的传统行业也就越来越多，例如通信、数码相机、有线电视、纸媒、网络游戏、银行、自动柜员机等行业，不时会传来某某行业巨头风光不再、市场萎缩，甚至面临破产的新闻。

3. 苹果公司跨界创新的启示

苹果公司跨界创新的成功，有哪些经验可供借鉴？给大家带来了哪些启示？

苹果公司的两次跨界创新，均取得了巨大的成功，认真梳理，理性甄别，以下三点秘籍最为关键：

（1）苹果公司具有开发跨界创新产品的核心技术优势。具体而言，无论是 iPod 还是 iPhone，都和 PC 行业的技术关联度极高，苹果公司在开发这两个产品时，原 PC 行业的技术积累和核心技术优势起到了至关重要的作用。

（2）跨界创新产品极具竞争力。苹果公司两次跨界创新推出的产品 iPod 和 iPhone，尤其是 iPhone，集成了两个以上原行业产品的功能。苹果公司的市场感知能力很强，产品除了功能上集成带来的优势，产品外观和使用性能也深受消费者喜爱，不仅与被跨界行业的原产品相比具有极强的竞争力，即使与同类跨界创新产品——其他公司推出的智能手机相比，也具有显著的比较优势。因此，产品一经推出，就得到了市场和消费者的高度认可。

（3）跨界创新产品推出的时机恰当。iPod 虽然不是市场上最早流行的 MP3 产品，但是 iPod 推出时，恰逢苹果公司的 iTunes 网络付费音乐下载系统已经成熟，两者的结合令 iPod 如有神助，反而具有了后发优势和核心竞争力。有趣的是，iPhone 也不是市场上最早的智能手机，除了产品性能上的独特性和优势，可以说 iPhone 得益于它的"生而逢时"。第一代 iPhone 推出后，就赶上移动互联、大数据和云计算等支撑技术突飞猛进的发展，产品升级和技术发展相得益彰，成就了 iPhone 的辉煌。

综上分析可见，苹果公司的跨界创新并非简单的跨界多元化，而是选择恰当的时机，利用自身的核心技术优势，跨界进入关联行业，推出了极具竞争力且集成了两个以上原产品功能的跨界创新产品，赢得了消费者的认可，开创了新蓝海。

（二）支付宝的跨界创新

今日的支付宝已非昔日的支付宝。早期的支付宝是个单纯的第三方电子支付平台。今日的支付宝已经成长为以移动支付为主业，融合了多个场景与行业的开放性平台，同时也是智能手机上的一款超级 APP。支付宝的成长之路，可以说是抓住了跨界创新的关键机遇，开启了一路奔跑的成长之路。

1. 支付宝跨界创新的两大支点

2003 年 10 月 18 日淘宝网首次推出支付宝服务，2004 年支付宝从淘宝网分拆独立，开始向更多的合作方提供第三方支付服务。2004 年 12 月 8 日，浙江支付宝网络科技有限公司成立，支付宝成为中国最大的第三方电子支付平台。2008 年支付宝推出手机支付业务，2014 年公司成长为全球最大的移动支付厂商。目前，支付宝与国内外 200 多家银行等机构建立了战略合作关系，是金融机构在电子支付领域最为信任的合作伙伴，已成为融合了支付、理财、保险、公益、社交、生活和政务服务等多个场景与行业的开放性平台。

支付宝从一个单纯的电商第三方支付平台，成长为多元化的开放性服务平台，是公司抓住跨界创新机遇，不断集成、融合新的服务功能的结果。追溯支付宝的发展历程，其中，有两个节点性的事件，是促进支付宝形成两大跨界创新支点的关键：一是 2008 年 2 月 27 日，支付宝抓住移动互联网和智能手机快速发展的机遇，发布了移动电子商务战略，及时推出了手机支付业务；二是 2013 年 6 月，支付宝引领互联网金融创新，推出账户余额增值产品"余额宝"，跨界进入互联网金融理财领域。

正因为两次都抓住了天赐良机，支付宝快速成长的两大支点——移动支付和互联网金融，应运而生。这两大支点不仅成为支付宝积聚人气和关注度的能量源，也是支付宝融合多种业务的引力场。

2. 支付宝的跨界创新之路

支付宝的跨界创新之路，简单概括，可以归纳为两条线：一条线是抓住升级机遇，聚集越来越旺的人气；另一条线是持续跨界创新，融合越来越多的功能。两条线相辅相成，相得益彰。为更有条理地剖析这两条线，可从以下三个方面展开论述：

（1）抓住移动支付机遇，升级支付宝功能。支付宝非常及时地抓住了移动互联和智能手机发展的机遇，于2008年2月在国内率先推出手机支付业务。作为中国最大的第三方支付平台，支付宝在电子支付行业具有先发优势，拥有众多用户，使其在移动支付发展的初期就具有很高的起点。在合适的时机率先推出移动支付业务，变身为中国移动支付的先行者和开拓者，支付宝抢占先机的意义不可小觑，不仅是在移动互联时代保住了原有的老客户，更重要的是，守住了自己的形象、品牌和根基。

紧接着，根据移动支付客户的需求特点，不断完善技术、金融和业务支持，升级支付宝的功能，将支付宝打造成功能强大、使用便捷、安全性高的APP。例如，获得央行颁发的国内第一张"支付业务许可证"；与商业银行合作推出快捷支付；支持12306网站，可使用支付宝购买火车票；入驻苹果App Store等。

（2）依托移动支付业务，聚集人气发展。支付宝移动支付的发展历程，可以分为两个差异较大的阶段。第一阶段是支付宝独领风骚阶段；第二阶段是支付宝与微信支付双雄争霸阶段。在这两个不同的阶段，支付宝采用了不同的聚集人气的策略和方法。

独领风骚阶段：2008年2月到2015年初这段时期，支付宝无论在第三方支付还是移动支付行业，都处于市场份额绝对占优的地位。该阶段支付宝主要通过不断完善移动支付的功能，开发余额宝等创新产品，提升消费者的满意度来聚集人气。2013年11月13日，支付宝手机支付用户超1亿，支付宝钱包正式宣布成为独立品牌。2013年支付宝手机支付完成超过27.8亿笔、金额超过9000亿元，成为全球最大的移动支付公司。① 根据艾瑞咨询的数据，2013 年支付宝在移动支付市场的份额从 67.6% 逐步提升至 78.4%。2014 年支付宝实名用户超过 3 亿，支付宝钱包活跃用户超过 2.7 亿。2014 年"双 11"全天，支付宝手机支付交易笔数达到 1.97 亿笔。② 支付宝凭借其稳健的作风、先进的技术和敏锐的市场预见力，既赢得了银行等合作伙伴的广泛认同，也赢得了消费者的信任，成为移动支付行业的引领者。

双雄争霸阶段：2015 年春节至今，微信支付快速崛起，成为支付宝的有力竞争者，2017 年艾瑞咨询显示腾讯财付通（包含微信支付）占有率上升到 39.51%，而支付宝的占有率下降到 53.7%。③ 在该阶段，为应对微信支付的崛起，支付宝采取了一系列快速增加用户的策略，比如消费者线下使用支付宝返红包，商家使用支付宝收款可以获得奖励金；在支付宝 APP 中加入社交功能，与国内各地的大商家、公交公司、地铁公司、政务服务平台等合作推广支付宝；在境外推广支付宝，通过植入公益活动让支付宝在用户心中更有温度等。2016 年底支付宝用户数达到 4.5 亿。2018 年 11 月 28 日，支付宝全球用户数超过 9 亿。2019 年 1 月 9 日，支付宝正式对外宣布，支付宝全球活跃用户数超过 10 亿，其中，用户增长主要来自"下沉市场"和全球市场。根据 Trustdata 发布的最新数据显示，2018 年 12 月的 APP 月度活跃排行中，支付宝首次超越手机 QQ，成为国内第二大 APP，全球最大非社交类 APP。

（3）持续跨界创新，集成丰富功能。支付宝的跨界创新，始于从 PC 端延伸到移动端的 2008 年，此后就走上了持续开挂的跨界之旅，时至今日，仍处于跨界创新的现在进行时，和即将拉开帷幕的将来进行时。

1）跨界进入线下支付行业。支付宝从 PC 端延伸到移动端，并非简单的延伸，而是实质上的跨界。因为移动支付的实现，使支付宝变成了随身携带的电子

---

① 党博超. 互联网金融条件下的"支付宝"运营体系 [J]. 商情, 2017（06）: 32.

② 史家鹏. 中国 C2C 电子商务网站发展模式分析——以淘宝为例 [J]. 科技经济导刊, 2016（07）: 25–26.

③ 第一视角圈. 下月起，移动支付将告别零费率，望周知 [EB/OL].（2019–02–01）[2020–12–30]. http://www.yidianzixun.com/article/0L6WejvU? searchword = % E7% BA% BF% E4% B8% 8B% E6% 94% AF% E4% BB% 98.

钱包。从此，原来实体钱包的功能逐渐被替代，支付宝跨界进入了线下支付行业，成为线下移动支付行业的引领者。支付宝钱包宣布成为独立品牌的那一刻，即是标志着支付宝跨界创新成功的时刻。当今的中国，移动支付几乎无孔不入，渗透到了生活的各个场景，从吃饭、购物、看电影，到搭乘公交和地铁，都可以用移动支付解决，中国已成为当之无愧的移动支付世界第一国。支付宝借助移动支付成功融合了线上和线下支付的双重功能，也就是说，具备移动支付能力的支付宝，既是线上第三方支付的平台，也是线下支付的电子钱包。

2）跨界进入金融理财行业。支付宝于 2013 年 6 月推出账户余额增值产品"余额宝"，2014 年 2 月 28 日余额宝用户数突破 8100 万，截至 2017 年底，余额宝用户数达到 4.74 亿户（其中超过 99.94% 是个人投资者），截至 2018 年底，余额宝用户突破 6 亿户。余额宝是一款经典的、影响深远的跨界创新产品，是支付宝从第三方支付行业向金融理财行业跨界的产物。用户存在余额宝里的资金，实际上是购买了货币基金，所以收益和银行一年期定期存款的利息相当，同时，余额宝里的钱又可以像"银行活期存款"一样随时取，还可以在网购或者线下支付时像"支付宝余额"一样随时用。所以，余额宝集成了银行定期存款的利率、活期存款的取用灵活和支付宝余额的支付保障等功能，是一款顺应移动互联发展趋势的跨界创新产品，也是一款足以颠覆传统银行固有秩序的产品。

3）跨界进入公共事业服务领域。2008 年以来，支付宝不断拓展与公共事业部门的业务合作领域，集成了众多公共事业服务功能，极大地提高了人们生活的便利程度。2008 年 10 月 25 日，支付宝公共事业缴费正式上线，支持水、电、煤、通信等缴费。随后，陆续上线了公交查询、附近服务、长途出行、公积金和社保查询、车主违章提醒、医疗挂号就诊、12315 投诉等众多城市服务功能。2019 年 1 月发布的《移动政务服务报告（2018）——重构与智慧》显示，全国已有 442 座城市（含县级市和省直辖县）将政务服务搬上了支付宝平台。[①]

4）跨界进入网络社交行业。为积极应对微信跨界进入移动支付行业的竞争，支付宝从 2015 年开始向微信所在网络社交行业反跨界。支付宝钱包 8.5 版，在

---

① 陈玲. 用户粘性视角下支付宝营销策略研究［D］. 南宁：广西大学硕士学位论文，2019.

钱包"探索"二级页面下增加了"我的朋友"选项卡，进入转账界面后，可以和对方直接发送文字、语音、图片等信息。[①] 2015 年 7 月 8 日发布的 9.0 版本，加入了"朋友"和"商家"两个新的一级入口，分别替代"探索"与"服务窗"，从此，用户进入网络社交的入口正式升级，意味着支付宝越来越重视社交功能。[②] 2016 年，支付宝先后推出了"高端单身交友圈""白领日记""校园日记"。2016 年 12 月 23 日发布的 10.0 版本，推出了 AR 实景支付宝红包的玩法。

5）跨界进入房屋租赁行业。支付宝于 2017 年 10 月 10 日宣布上线信用租房平台，在上海、北京、深圳、杭州、南京、成都、西安、郑州这 8 个城市率先推广信用租房，100 多万间公寓陆续入驻支付宝，芝麻信用分超过 650 分的用户通过支付宝 APP 租公寓，可以免押金并且月付房租。

除了以上行业和领域，支付宝还在持续上线各类小程序，不断集成新功能。可以预见的是，凡是与支付宝的优势业务有关联协同效应的行业，都将成为支付宝未来的跨界目标。支付宝要在跨界行业取得竞争优势，必须要有被市场和消费者高度认可的跨界创新产品。

3. 被支付宝冲击的行业

迄今为止，支付宝已经推出了多种类别的跨界创新产品，向多个关联行业跨界，并且还在不断寻找新的跨界领域，没有停止跨界的迹象。支付宝的系列跨界创新举措，冲击了哪些行业呢？事实上，支付宝最典型的跨界创新产品，例如支付宝钱包、余额宝、花呗、借呗等，是对被跨界行业冲击最大的。那些还不够成熟的产品，例如相互保等，对被跨界行业的冲击力度还有待观察。

（1）被"支付宝钱包"冲击的行业。支付宝钱包的线下支付功能，对纸币和信用卡相关行业而言，带来的冲击或急或缓，但最终都是颠覆性的冲击。因为，无论是现在的手机移动支付，还是已经上线的刷脸支付，都比纸币或者信用卡支付要便捷，更受消费者喜爱。

---

① 步会敏，俞超. 基于 SERVQUAL 模型的支付宝服务质量研究［J］. 电子商务，2018（08）：43 -45.

② 张宇洋. 共享经济下第三方支付社交功能使用意愿影响因素研究——以支付宝为例［D］. 合肥：安徽财经大学硕士学位论文，2016.

所以，被支付宝钱包跨界冲击的行业，从银行的现钞和信用卡业务，到钱包、保险柜、信用卡制造商，再到近期频繁爆出的 ATM 机行业龙头陷入危机，跨界的连环冲击还在持续。

（2）被"余额宝"冲击的行业。余额宝的出现，在互联网金融业刮起了一阵"宝宝类"产品的旋风，随之出现的银行存款"搬家效应"，给传统银行业带来了剧烈且持久的冲击。

事实上，余额宝的钱最终还是以银行不喜欢的方式存入了银行。余额宝将散户手中的钱集中起来，打包购买银行存单，相当于超大规模的整存整取。这样，银行原本可以用0.35%的活期存款利率吸储的钱，经过余额宝后，得付出超过原来利息 10 倍的利息。

余额宝必须通过手机支付宝认购，近 5 亿用户因为余额宝在手机上安装了支付宝 APP，又因为扫码付款、生活缴费、坐公交等场景频繁地使用它，所以，银行失去的不只是利息差，还有客户的关系资源。这些客户资源，成为支付宝继续拓展其他金融服务的基础。

（3）被"芝麻信用、花呗和借呗"冲击的行业。芝麻信用推出后得到支付宝用户的信任和认可，多数用户选择网签服务协议，将个人信息授权给芝麻信用。芝麻信用服务协议提到，用户信用状况不止支付宝自己使用，还能授权给第三方信贷机构使用。支付宝因此掌握了大量用户的信用状况，获得的隐私信息让它清楚知道更适合给谁贷款、贷多少额度。这些用户信用信息对银行和传统征信机构而言，是获取成本很高的资源，因此，支付宝这次是动了传统征信机构的"奶酪"，也再次动了传统银行的"奶酪"。

支付宝 2015 年开始通过花呗和借呗向消费者放贷，花呗动的是银行信用卡业务的"奶酪"，借呗动的是银行小微贷款业务的"奶酪"。花呗可以说是支付宝的信用卡业务，先付款后还钱。借呗好似银行的小微贷款，只不过起步门槛更低，授信额度为 1000 ~ 300000 元不等。银行从事小微企业贷款的平均成本约为 2%，一笔小额贷款业务也要耗费工作人员的大量时间，尽管如此，由于信用数据不足，银行花费人力和财力之后，不良贷款率仍然在 1.5% 左右，中信银行 2017 年小微企业不良贷款率甚至高达 2.69%。相比传统银行，支付宝可借助芝麻信用的数据，低成本地、更准确地判断个人用户风险，从而向更多人提供小额贷款。依据支付宝对外公布的数据，花呗和借呗自 2015 年上线以来，不良贷款率一直维持在 1% 左右。

4. 支付宝跨界创新的启示

支付宝抓住移动支付发展的先机，率先推出支付宝的移动线下支付功能，随后，依托支付宝的核心功能和用户资源，开启了持续跨界创新的模式。支付宝与苹果公司相比，所在行业不同，跨界创新的模式也不同。那么，支付宝的跨界创新之路，能给大家带来哪些启示呢？

支付宝持续跨界创新的历程中，主要有以下经验：

（1）依托支付宝的核心优势开发跨界创新产品。支付宝钱包是支付宝最成功的跨界创新产品之一，它是支付宝之后一系列跨界创新的根基。支付宝钱包并非移动互联时代支付宝从 PC 端到移动端的简单延伸，而是集成了线下支付新功能的跨界创新产品。支付宝的这次跨界，关键在于它在第三方支付领域耕耘多年，积累了技术优势、客户资源、商业信誉和合作伙伴。因此，在解决了移动端 APP 等诸多新技术问题后，支付宝很快成为移动支付行业的引领者。

（2）寻找关联度高的行业跨界。在支付宝的持续跨界创新历程中都有一个共同点，那就是被跨界的行业与支付宝的主业关联度高，跨界后有正的协同效应。例如，推出余额宝、芝麻信用、花呗和借呗，向银行业跨界。银行业的理财、客户信用评价、小额信贷和信用卡业务，和支付宝的第三方支付业务，是高度关联的。开发的余额宝等产品，也与移动支付具有很高的正向协同效应。

（3）设计适应移动互联时代的跨界创新产品。支付宝开发的跨界创新产品，无论是已经成熟的支付宝钱包、余额宝、借呗和花呗，还是效果尚待进一步观察的相互保等产品，都是适应移动互联时代的产品。在移动互联时代，这些产品具有类似传统产品无法与之竞争的客户资源、低成本和便利性等优势。

综上分析可见，支付宝的跨界创新之路之所以一路开挂，正是依托自身的核心业务、技术优势、客户资源和商业信誉，寻找关联度高的行业，开发适合移动互联时代的跨界创新产品，不断赢得用户的信任与依赖，积累核心竞争优势的结果。跨界创新的成功，不仅需要天时、地利、人和，更需要抓住机遇、正确决策、知行合一。

（三）腾讯公司的跨界创新

提及腾讯公司的跨界创新，大家的第一反应一定会是微信支付，不错，微信支付是腾讯公司最经典的跨界创新产品。那么，微信支付成功的原因是什么？与腾讯公司的核心竞争力有什么关联？腾讯公司有跨界创新的基因吗？这些问题，非常值得分析与归纳总结。

1. 腾讯公司的核心竞争力

腾讯公司成立于 1998 年 11 月 11 日，目前是中国大型的互联网综合服务提供商之一。其多元化的服务包括社交和通信服务产品 QQ 及微信、社交网络平台 QQ 空间、腾讯游戏、腾讯网、腾讯新闻客户端、腾讯视频等。① 2010 年以来，腾讯公司的竞争优势归纳起来主要有三点：公司规模大实力强、用户数量多且体验感好、开放的多元化战略。

（1）公司规模大实力强。核心业务竞争力极强。腾讯发展初期的核心业务是 QQ 等社交服务产品，后来开始多元化发展，在 2010 年后逐渐回归到核心业务，专注做连接，聚焦在"两个半"核心业务上：一个是社交平台，另一个是数字内容；还有半个是快速崛起的金融业务。腾讯公司的核心业务竞争力极强，在社交平台领域可谓"独占鳌头"，在数字内容领域也处于"第一方阵"。

公司市值屡创新高。2016 年 8 月 19 日，在香港股市交易的腾讯公司股票价格上升了 6%，市值达到 2490 亿美元，超越同期市值 2460 亿美元的阿里巴巴，成为中国市值最高的科技公司。2017 年 8 月 7 日，腾讯总市值 3884.57 亿美元，超越阿里巴巴的 3878.27 亿美元，成为中国市值最大的上市公司，在全球市值排名中位列第 8 位。2018 年普华永道发布的"全球市值 Top 100 企业"榜单中腾讯总市值增长到 4960 亿美元，超越美国互联网社交企业 Facebook，排名位列全球第 5 位。在 2017 年"中国互联网企业 100 强"榜单中，腾讯排名第 1 位，2018 年和 2019 年仍然在榜单中占第 2 位，仅次于阿里巴巴。

---

① 卫姝范. 基于互联网＋环境下对腾讯的战略分析［J］. 现代营销，2018（07）：116.

营业收入和利润逐年大幅增长。腾讯公司财报显示，在 2010 年至 2017 年的 8 个财务年度里，公司的营业收入和净利润逐年大幅增长，总额非常可观。2018 年和 2019 年，增速有所放缓，不过在全球经济增速放缓的背景下，与传统行业相比，腾讯公司这两年的营业收入增速仍然非常可观，利润增速也相当亮眼（见表 1-3）。

表 1-3　2010~2019 年腾讯公司的营业收入和净利润　　　单位：亿元

指标	年份	2010	2011	2012	2013	2014	2015	2016	2017	2018	2019
营业收入	数额	196.46	284.96	438.94	604.37	789.32	1028.60	1519.40	2377.60	3126.90	3772.90
	增长率	58%	45%	54%	38%	31%	30%	48%	56%	32%	21%
净利润	数额	81.15	102.25	127.85	155.02	238.88	291.08	414.47	724.71	787.20	933.10
	增长率	55%	26%	25%	22%	53%	22%	42%	75%	10%	19%

资料来源：根据腾讯公司财务报告数据整理得到。

（2）用户数量多且体验感好。腾讯公司是依靠即时通信服务 QQ 起家的，公司初创期就非常看重用户体验，竭力为用户着想，对于用户的抱怨和意见，员工们会自发地去调整和改进。这种完全从用户价值出发的理念，是一开始就根植于腾讯的公司文化和行为习惯中的，也是腾讯产品赢得用户信任和喜爱的关键。因此，用户数量多且体验感好，一直是腾讯的核心优势。目前，腾讯公司活跃用户数量最多的产品依次是微信、QQ、QQ 空间、腾讯游戏、腾讯视频等。QQ、微信、QQ 空间的月活跃账户数以及其历年来的变化情况见表 1-4。

表 1-4　QQ、微信、QQ 空间的月活跃账户数

年份	季度	QQ 月活跃账户数（亿）	微信月活跃账户数（亿）	QQ 空间月活跃账户数（亿）
2004	第四季度	1.350	—	—
2005	第四季度	2.019	—	—
2006	第四季度	2.326	—	—

续表

年份	季度	QQ 月活跃账户数（亿）	微信月活跃账户数（亿）	QQ 空间月活跃账户数（亿）
2007	第四季度	3.002	—	—
2008	第四季度	3.766	—	—
2009	第四季度	5.229	—	3.878
2010	第四季度	6.476	—	4.920
2011	第四季度	7.210	—	5.521
2012	第四季度	7.982	—	6.027
2013	第四季度	8.080	3.55	6.250
2014	第四季度	8.150	5.00	6.540
2015	第四季度	8.530	6.97	6.400
2016	第四季度	8.680	8.89	6.380
2017	第四季度	7.830	9.89	5.630
2018	第四季度	8.070	10.98	5.320

资料来源：根据腾讯公司官方公布的数据和消息整理得到。

（3）开放的多元化战略。腾讯成功的另一个重要原因是其开放的多元化战略。一方面，聚焦社交平台、数字内容和互联网金融等核心业务；另一方面，采取开放式合作的方法，多元化发展。核心业务以外的领域，都交给各行各业的合作伙伴，不主导不控股，而是投资参股并成为其帮助者，让合作伙伴自主成长为独立的公司和平台。这种开放的多元化战略，让"一棵大树"变成了"一片森林"，也是腾讯的规模、盈利能力和品牌影响力令人叹为观止的一个重要原因。下文列有腾讯公司开放式多元化发展的主要大事记（见表 1-5）。

表 1-5　腾讯公司开放式多元化发展的大事记（部分）

时间	合作方	合作方式	投资额度	持股比例
2010-04	DST	入股，建立长期战略伙伴关系	3 亿美元	10.26%
2011-05	华谊兄弟传媒	投资入股	4.5 亿元	4.6%
2011-05	艺龙网	投资入股	8440 万美元	16%
2011-07	金山软件	投资入股	8.92 亿港元	15.68%

续表

时间	合作方	合作方式	投资额度	持股比例
2012－05	电商网站易迅	控股，并入腾讯电商	—	—
2013－06	金山软件	共同投资增持金山网络	4698 万美元	17.99%
2013－09	搜狗公司	投资，兼并重组	4.48 亿美元	36.5%
2014－01	滴滴打车	风险投资	3000 万美元	—
2014－01	华南城	新股认购	约 15 亿港元	9.9%
2014－02	同程网	投资入股	—	—
2014－02	大众点评	入股	—	20%
2014－03	王老吉	战略合作伙伴	—	—
2014－03	京东	重组，电商总体战略合作	2.14 亿美元	流通股 15%
2014－03	乐居	投资入股	1.8 亿美元	15%
2014－03	韩国游戏公司 CJ Games	投资收购	5 亿美元	28%
2014－04	四维图新	投资购买 7800 万股	—	11.28%
2017－01	美的集团	战略合作：共同构建基于 IP 授权与物联云技术的合作	—	—
2017－06	掌趣科技	受让 5541.75 万股	—	2%
2017－11	Snap 公司	投资入股	—	10%
2018－01	家乐福	达成在华战略合作协议	—	—
2018－01	海澜之家	投资入股	—	—
2018－02	盛大游戏	投资入股	30 亿元	—
2018－10	哔哩哔哩	投资入股	3.176 亿美元	—
2018－10	胖猫云（上海）科技公司	与找钢网合资成立	—	40%

资料来源：根据腾讯公司官方消息整理得到。

2. 腾讯公司的跨界创新产品

腾讯公司始于跨界创新，成功于跨界创新，是一个具有跨界创新基因的公司。腾讯公司爆款产品中的 QQ、微信、微信支付等，都是跨界创新产品。

（1）跨界产品 QQ。腾讯公司的第一个爆款产品 QQ 就是在跨界中诞生的。1999 年 2 月，腾讯公司即时通信服务 OICQ 开通，与无线寻呼、GSM 短消息、IP 电话网互联，2000 年更名为 QQ。腾讯成立之初，作为一个创业公司，进入一个成熟产业是很难的，因为成熟产业中企业的市场占有率排序难以改变，且竞争激烈、市场饱和，完全是一片红海。但是，两片红海的交接处和跨界部分，往往是一片蓝海。因此，腾讯选择在互联网和传统通信的跨界领域开发 QQ，成为中国的互联网即时通信行业这个巨大蓝海市场的开创者。

世界上第一款即时通信软件是 ICQ，是三名以色列青年成立的 Mirabilis 公司于 1996 年 11 月发布的，发布后 6 个月内注册用户达到 85 万。[①] 虽然 QQ 并非该类产品的首创，有借鉴模仿的痕迹，但它仍然是一款如假包换的跨界创新产品。因为在 QQ 发展的过程中，腾讯能够及时跟进中国通信行业与互联网融合的趋势，深度体察中国用户和市场的特点，精耕细作、持续创新，成功地将 QQ 打造为用户体验感很好的一款世界一流类即时通信工具，取得了在该领域的竞争优势。

事实上，QQ 作为一个跨界创新产品，和 iPhone 有着诸多相似之处。高度概括起来，两者都不是该类产品的首创者，然而，借助"天时、地利、人和"和产品的优良性能，两者最终都成为了新行业的引领者。

（2）跨界的微信。微信是移动互联时代腾讯最亮眼的产品，是一款再次将腾讯推向事业高峰的跨界创新产品。腾讯公司于 2011 年 1 月 21 日推出微信，一个为智能终端提供即时通信服务的免费软件。微信支持通过网络快速发送免费语音短信、视频、图片和文字，同时，还有社交插件"摇一摇""漂流瓶""朋友圈""公众平台""语音记事本"等功能。[②]

微信是腾讯抢到的通往移动时代的"船票"，由张小龙所带领的腾讯广州研发中心产品团队打造。互联网行业从 PC 互联转向移动互联的变革期，反应快的企业才能抓住机遇，反应慢的就会错过通向移动时代的船。当时，腾讯的决策是开发新产品"微信"抢占移动端。腾讯内部有三个团队报名开发微信，各自独立研发，互不通气。张小龙团队此前负责 QQ 邮箱，曾经开发过一个腾讯内部员工使用的手机邮箱，所以，该团队很快以快速短邮件为原型研发出来了"微

① 张晋. 电信运营商的真正对手：即时通信［J］. 信息网络，2005（08）：38－43.
② 黄浩哲. 微观商业视角下的微信经济［J］. 现代经济信息，2016（10）：09.

信"。微信的界面和操作非常简洁，推出后又植入了"附近的人""摇一摇"等创新功能，用户体验很好。产品自身的优势再加上 QQ 的助力，微信用户迅速增长，在与米聊、易信、来往等同类产品的激烈竞争中脱颖而出，拿到了通往移动时代的珍贵"船票"。

微信的初始版本就融合了两个以上原产品的功能，是典型的跨界创新产品。更重要的是，微信具有持续创新的能力和习惯，因此，在此后的发展中，不断发掘跨界创新的机会，并付诸行动，集成了越来越多的功能，很快成为活跃用户数量全球排名第一的超级 APP。在微信的众多创新中，不乏独创或者原始创新，也就是说，有些是国外同类产品没有的独创或者首创。例如，微信的公众号平台；微信研发的"小程序"；微信的移动支付业务。

截至 2016 年第二季度，微信已经覆盖中国 94% 以上的智能手机，月活跃用户达到 8.06 亿，用户覆盖 200 多个国家，各品牌的微信公众账号 800 多万个，对接移动应用 85000 多个，广告收入 36.79 亿元人民币。[①] 截至 2019 年底，微信和 WeChat 的合并月活跃账户数已突破 11.648 亿。微信不仅方便有效，而且非常神奇，已成为中国社会各阶层人士不可或缺的社交和支付工具。短短几年时间，似乎所有华人都加入了各种微信群，失联很久的老同学、老朋友，无论在国内还是国外，都通过微信重新建立起联系，距离和时间造成的交流障碍，因为微信的存在，变得越来越小。

（3）微信支付。微信支付是微信跨界创新的杰作，是腾讯最经典最成功的跨界创新产品。事实上，微信支付是微信的一部分，是集成在微信客户端的支付功能，用户可以通过手机上微信 APP 的支付模块，完成快速的支付流程。微信支付以绑定银行卡的快捷支付为基础，向用户提供安全、快捷、高效的支付服务。

将第三方支付功能集成到移动社交 APP 上，开发基于微信的移动支付产品，这是腾讯公司的原始跨界创新。2013 年 8 月 5 日，财付通与微信合作推出微信支

---

① 蒋春芳，崔颖，王颖. 微信在继续医学教育项目中的应用［C］.2015 年全国口腔医学教育学术年会论文集，2016.

付，微信支付随微信 5.0 版本正式发布上线。2014 年 1 月 4 日，滴滴打车接入微信支付，3 天突破 10 万单。2014 年 1 月 27 日，微信正式推出微信红包。2014 年 3 月 4 日正式开放外部接入申请。2015 年 2 月 18 日，开创春晚微信红包，创造了 10.1 亿次收发的春节全民红包狂欢。截至 2017 年 12 月，微信支付绑卡用户超过 8 亿，合作银行近 400 家，服务商超过 3 万家。2019 年底，微信支付已覆盖 60 个境外合规的国家和地区，能支持 16 种不同货币的直接结算。

微信的活跃用户数量优势及 2015 年"春晚红包"的成功营销，是微信支付快速崛起的两大关键原因，前者是内因，后者是催化剂。微信支付的崛起，打破了支付宝在移动支付领域的垄断地位。微信春节红包似乎一夜之间完成了支付宝 10 年才完成的事情，微信支付可借力的社交属性，让支付宝备感压力。春节红包战是微信支付崛起的开端，同时也通过生动的案例昭示天下，移动支付已从电商主导向社交主导转变。

3. 腾讯跨界创新冲击的行业

依靠社交软件 QQ 起家的腾讯，率先跨界冲击的是传统通信行业。PC 端 QQ 发起了第一轮冲击，显然，虽然 PC 端 QQ 用户不少，但是登录场景受限，无法替代手机的移动通话和短信收发的功能，所以，这波冲击的杀伤力不大。紧接着，微信和手机 QQ 发起了第二轮冲击，传统通信行业被颠覆，通话和短信业务收入锐减，流量包业务成为收入的主要来源，传统通信行业主营业务重构后，才幸免于难。

微信支付跨界冲击的无疑是第三方支付和移动支付行业，连带冲击了与现金支付有关的制造业。具有社交基因的微信支付崛起后，中国的第三方支付和移动支付行业从支付宝"一家独大"，演变为"双寡头"市场。移动支付市场双雄争霸的格局，加剧了市场竞争的激烈程度，也加速了该行业产品的创新和进化，与之相伴的是，一些相关联的传统行业，例如保险柜和 ATM 制造行业受到剧烈冲击。

微信跨界进入移动支付行业后，模仿支付宝推出的一些互联网金融产品，例如与"余额宝"类似的"零钱通"，与"借呗"相似的"微粒贷借钱"，还有保险平台"微宝"推出的一系列互联网保险产品，这些产品对银行和保险行业的相关业务冲击较大。

腾讯的内容产业近年来风生水起，腾讯自主拍摄并播出综艺节目、影视剧的模式，对传统内容产业和有线电视行业的冲击较大。

4. 腾讯公司跨界创新的启示

跨界创新是腾讯诞生与成长的基石，也是腾讯再创辉煌的神器。腾讯的跨界创新基因是其核心优势形成的根源，同时，腾讯的核心优势又成为其继续跨界创新的重要支撑，两者互为因果，成就了腾讯事业的良性循环与可持续发展。

（1）贴近用户、自下而上的跨界创新。腾讯的跨界创新是着眼于解决用户痛点，因此，是自下而上的，总在不经意的边缘地带出现。而且，自下而上开发的产品非常有生命力，经得住用户和市场的考验。例如，微信不在公司成熟的无线业务里诞生，而是在以前做邮箱的广州研发中心诞生；爆款游戏"王者荣耀"是由不太受人关注的成都团队做出来的。贴近用户、自下而上、允许内部竞争，是腾讯跨界创新接地气、有活力、能成事的关键。腾讯也尝试过自上而下的创新，成立了一个研发中心专注于创新，结果发现干的都是重复性工作，并没有真正地创新。腾讯反思后发现，鼓励贴近市场的一线部门创新，倡导企业内部创新团队之间的竞争，这种具有竞争性的自下而上的创新机制更有活力和生命力。

（2）依托公司的核心竞争力跨界创新。腾讯发展初期，依靠跨界创新产品QQ，打造了公司在网络社交领域的核心竞争力——核心技术、口碑和大量用户。PC互联向移动互联转型的时期，腾讯依托自身的核心竞争力跨界创新，开发了微信，成为移动社交端的老大，使其再创辉煌，核心竞争力进一步提升。随后，微信借助活跃用户的优势，跨界创新推出微信支付，迅速改变了移动支付行业的格局。这一系列战略性的成功，都是腾讯依托核心竞争力跨界创新的结果。

（3）围绕公司的核心业务跨界创新。腾讯公司的核心业务是社交、内容产业和互联网金融。腾讯最成功的跨界创新产品，都在这些核心业务的疆域之内。核心以外的其他业务，腾讯采取投资入股的合作方式，并不主导，支持合作伙伴成就事业。专注和聚焦核心业务，是腾讯能够不断根据市场演变的趋势和消费者的痛点，成功推出一系列跨界创新产品，不断做强核心业务，把握住战略性机遇，持续强盛的重要原因。

二、跨界创新的理论研究

跨界创新的理论研究呈现几个特点：一是关于跨界创新的概念，不同学者在内涵和外延的理解上有较大差距；二是研究成果不多，迄今尚未形成相对统一的理论框架；三是研究的关注点相对分散；四是理论研究滞后于企业实践。鉴于此，笔者在梳理了国内外相关研究成果的基础上，针对本书拟研究的内容，对跨界创新的概念进行了界定，并以此为基础建立起理论框架，将在后面的章节展开论述。

（一）国内外研究现状

1. 国外研究综述

国外学术界关于跨界创新（Cross - industry Innovation）的研究成果并不多见，该研究领域的国外学者研究跨界创新是以"企业跨行业的创新"为研究对象的。相关研究源于开放式创新（Open Innovation）和类比推理（Analogic Thinking）的文献，其中开放式创新指的是与外界单向或双向地"交换"技术与知识，而类比推理指某一领域通过使用其他领域的知识来解决所面临的问题。随后，在Nooteboom（1999）的研究中，笔者发现，认知距离（Cognitive Distance，即行业间的差异程度）与创新表现之间存在倒"U"形关系，即随着认知距离增加，其对交叉学习起到了正向作用，直至拐点出现。Nooteboom（2007）在以科技为基础的公司结盟（Technology - based Alliances）中，再次验证了这一认知距离与创新表现间的倒"U"形关系；而Enkel和Gassmann（2010）在研究中使用25个跨行业案例并分析认知距离（Cognitive Distance）对行业创新的影响后发现，认知距离的远近对跨界创新的影响并不明显，这一结果也推翻了之前Nooteboom（2007）等的研究结论。

Gassmann（2011）通过调查107家欧洲制造业企业以此来研究一家中介机构需要具备什么能力才能够成功开始一项跨界创新；Bader（2013）以Henkel公司

为例，分析其如何跨界创新并从中获益；Enkel 和 Bader（2016）将个人行为动机（Personal Motivation）和开放式创新（Open Innovation）理论结合，讨论了其他领域的专家是基于何种动机而参与到某个行业的跨界创新过程中的。

2. 国内研究综述

国内学者关于跨界创新的研究成果不多，其中，学术论文的关注点相对较分散，学术专著的研究内容自成理论体系。

於军和孟宪忠（2014）认为，跨界创新带来的最大启示就是，那些你看不见、看不起的企业，才是颠覆你这个企业的竞争对手。而那些看不见、看不起的企业，往往不是来自你所在的传统行业，它可能来自其他产业，犹如外星人、哥斯拉才是人类真正的对手一样。

章长城和任浩（2018）在解析企业跨界创新概念、内涵，跨界的原因、层次性、创新领域、创新形式等基础上，指出跨界创新成功的关键在于跨界者能力因素和组织重构水平，此外，跨界活动的组织合法性和跨界战略行为也是影响跨界创新绩效的重要因素。

陶小龙和甘同卉等（2018）认为，通过跨界搜索知识、科学技术和社会关系，实现不同维度跨界战略与跨界能力的组合式协同提升，这既是企业实现跨界创新的有效模式，也是小微创业企业不断创新的作用机制。

邵云飞等（2018）构建了跨界创新在突破性技术创新模糊前端的作用模型，研究表明跨界创新在突破性技术创新模糊前端起到重要作用，跨界创新可分为跨界搜索与跨界合作，两者相辅相成共同助力于突破性技术研发成功。

张青（2013）探讨了跨界创新系统的参与者中存在的社会网络、知识网络、价值网络之间互动产生的协同机理：通过信息建立认知并构建跨界创新的社会网络，通过社会网络的信任构建知识网络，借助社会网络促进知识交流和创造，最终为客户和社会创造价值。

潘婷（2019）基于社会网络理论、组织搜索理论和美第奇效应，分别沿着价值链的角度，构建了与横向、纵向企业之间的合作关系强度；跨界搜索的技术知识和市场知识与企业跨界创新之间关系的理论模型，提出了跨界搜索在网络关系强度与跨界创新中可能起到中介作用的假说。

刘辉（2018）从起源、意义、定义、理论基础、实践、思维方式、推演方法、案例等方面对跨界创新进行了研究和阐述，旨在为科技创新提供理论支持和方法，为普通读者突破自身思维、融合多个领域知识、形成更强的创造能力提供途径和技能，具有较强的理论意义和实践意义。

（二）跨界创新的概念

什么是跨界创新？学术界尚无相对统一的定义。因为研究视角的差异，不同学者对跨界创新内涵和外延的界定尚存在较大差别。

跨界创新系列丛书之《跨界改变中国：跨界》是国内较早阐述跨界的著作，该书阐明跨界（Crossover）正成为当今世界传媒的热词被反复提及，在不同的行业被不断地实践，同时也日益成为全球化时代的一种潮流。跨界指突破原有行业惯例、通过嫁接外行业价值或全面创新而实现价值跨越的企业或品牌行为，它能让一个企业通过转换生存空间而大放异彩，能让一个品牌在相对极短的时间内超越竞争对手迈上行业巅峰。跨界不是简单的商业技巧，而是企业竞争与品牌跨越的大智慧，它包括从品牌战略到研发、传播、营销执行的系统化内容。该书关于跨界概念的界定，成为国内学者研究跨界创新的思想源头之一。[①]

於军和孟宪忠（2014）认为，跨界创新是指企业超越本行业传统预设前提，突破本行业既有规则边界，借鉴其他产业成熟做法，从产业跨界的视角在本行业创立新的更有效的管理和经营规则的过程。跨界创新不仅在于开创蓝海产业，更在于开创蓝海规则。

张立波（2014）认为，跨界创新是指根据不同行业、不同产品、不同偏好消费者之间所拥有的共性和联系，把一些毫不相干的元素进行融合，相互渗透，进而彰显出一种新锐的生活态度与审美方式，并赢得消费者的好感，使跨界合作的品牌和产品能够得到最大化的营销。

章长城和任浩（2018）认为，跨界创新成为新时代企业持续创新发展的一种

---

① 蓝色创意跨界创新实验室，中国蓝色创意集团．跨界改变中国：跨界［M］．广州：广东经济出版社，2008.

常见模式。跨界创新表意是指跨出熟悉的领域、跨入新领域，但实际上是指企业在跨界思维指导下，基于企业能力和内外可协调资源，以整合、连接企业内外部创新价值为目标，进行的组织系统重组活动。

刘辉（2018）认为，在打破旧的界限的同时，建立新的边界的过程就是跨界创新。跨界创新虽然体现在科技创新上，但是需要跨越的并不仅仅是学科之间的界限，也有政治、经济和文化之间的跨界。

上述关于跨界创新的定义，从不同侧面揭开了跨界创新的神秘面纱。由于学者看问题的角度不同，对跨界创新的内涵和外延的理解也有所不同。本书主要研究企业打破行业边界开发跨界创新产品的客观规律，因此，需要从企业跨界创新的视角，界定跨界创新概念的内涵和外延。

笔者认为，企业层面的跨界创新应包含以下属性：首先，跨界创新是应用技术创新，特指突破行业边界的应用技术创新；其次，跨界创新是一种系统性、原创性的交叉复合创新，跨界创新的产品集成了多个行业产品的功能，开创了蓝海市场；最后，跨界创新通过嫁接外行业的价值，从而实现价值跨越，极大地提升了消费者的满意度，不经意间击垮了相关行业的竞争对手。

鉴于此，企业为主导的跨界创新的概念应该涵盖上述属性，可以这样表述：跨界创新是指企业突破行业边界的系统性、原创性的应用技术创新，跨界创新产品集成了两个以上原行业产品的功能，极大地提升了消费者的体验感和满意度。

（三）跨界创新的相关名词

在对企业主导的跨界创新的概念进行相对准确的描述后，很有必要对跨界创新的相关术语进行对比分析与界定，通过分析相关名词尤其是下一级名词的含义，进一步理解跨界创新，并明确跨界创新与相关名词之间的区别与联系。

1. 跨界与跨界创新

显然，跨界与跨界创新并非一个概念。跨界不一定伴随创新，只有进行了显著技术创新的跨界才是跨界创新。换言之，跨界不一定是跨界创新，但是跨界创新一定是跨界。

跨界是指企业突破原有行业边界，通过嫁接外行业价值而实现价值跨越的行为。通俗地讲，一个企业突破原有行业的边界，开始生产一种新产品，这种产品嫁接了其他行业的技术，就可以说这个企业跨界了。

跨界创新则是指企业原创性的跨界行为，企业在跨界的过程中，进行了一系列重大的技术创新，开发了全新的跨界创新产品或服务。

例如，苹果公司从计算机行业跨界到手机行业，开发了智能手机新产品iPhone，进行了诸多重大技术创新，开创并引领了智能手机时代，这就是典型的跨界创新。而随后许多其他行业的巨头，顺应时代的变迁，跨界进入智能手机行业，例如华为、步步高、索尼等，这些企业的跨界行为就只能说是跨界，而不能界定为跨界创新。

2. 单边跨界和多边跨界

跨界既可以突破一个行业边界，也可以突破多个行业边界。那么，突破一个行业边界的跨界可称为单边跨界，突破两个或以上行业边界的跨界就叫多边跨界。

同理，如果企业在跨界的过程中伴随着重大原创性技术创新，就可分别称为单边跨界创新或多边跨界创新。

单边跨界创新的产品一般集成了两个原行业产品的价值和功能，多边跨界创新的产品则集成了两个以上原行业产品的价值和功能。那么，智能手机这个典型的跨界创新产品集成了几个原行业产品的价值和功能呢？首先，智能手机具有传统数字手机的移动通话、短信等功能；其次，智能手机具有数码卡片相机的便捷照相功能；再次，智能手机拥有强大且数量众多的 APP，具备 PC 机的软件服务功能；最后，智能手机的流行推动了移动互联网和社交 APP 的发展，传统通信行业和网络社交行业的生态发生了巨大变化。迄今为止，智能手机至少集成了传统计算机行业、传统数字手机行业、数码相机行业、传统互联网社交行业四个原行业的产品功能。因此，苹果公司向市场推出智能手机 iPhone，是一个典型的多边跨界创新案例。

3. 跨界与反跨界

行业巨头之间的竞争是激烈的，也是很值得细细探究的。无论跨界创新带来的全新博弈格局多么令企业家猝不及防，在跨界者以雷霆之势攻城略地之时，被跨界者也不可能束手待毙。于是，当行业界限被跨界者打破已经成为板上钉钉的事实之时，被跨界的行业巨头可以选择反向跨界来应对跨界者的挑战。

显然，跨界是指企业主动打破行业边界的行为，反跨界则是指处于被跨界行业中的企业为应对跨界者的挑战，而采取的向跨界者所在行业逆向跨界的行为。

微信和支付宝之间的跨界竞争就是典型的跨界与反跨界的案例。

智能手机和移动互联网的兴盛，成就了微信的崛起。当微信携几亿活跃用户的优势，基于微信 APP 开发微信支付产品向移动支付行业跨界之初，并未对支付宝构成太大的威胁。但是，微信的活跃用户数的优势，显然积聚了巨大的跨界力量。果不其然，2015 年春节"微信红包"营销的成效卓著，从此微信一战成名，成功跨界进入移动支付行业，并迅速成为与支付宝比肩的移动支付双雄之一。

支付宝在第三方支付行业深耕细作多年，移动互联时代及时开发了手机 APP，迅速占领了移动支付市场。当微信跨界进入移动第三方支付市场时，支付宝一定是认真分析了双方的优势与劣势的。支付宝有很多优势，但是最致命的劣势就是活跃用户数量比不过微信，因此，支付宝选择向微信的移动互联社交行业反向跨界，在支付宝 APP 中开发了诸多社交功能。

支付宝和微信之间的竞争显然还未结束，但是，两者之间跨界和反跨界的效果已昭然于世。微信跨界的成效非常显著，支付宝防御性质的反跨界效果一般，支付宝的活跃用户数量仍然比不过微信。

4. 单向跨界与双向跨界

当跨界者携带跨界创新产品打破行业边界之初，实际上就意味着被打破的行业边界很可能会消失，行业最终融合为一体成为大概率事件。

假如 A 行业和 B 行业的行业边界被 A 行业的跨界者打破，B 行业的企业没有能力或者不选择反向跨界来应对，最终 B 行业的企业被 A 行业的跨界者击溃，两个行业融合为一个新的行业，这种跨界就是单向跨界。

反之，如果 A 行业和 B 行业的企业都选择向对方行业跨界，最终两个行业融合为一个行业，A 行业和 B 行业均有成功跨界的企业成为新行业的佼佼者，这种跨界就是双向跨界。

现实中的案例很难完全满足上述概念的所有界定，不过也有很接近的案例。例如苹果公司开发智能手机从计算机行业向传统数字手机行业的跨界，击溃了原来手机行业的巨头诺基亚和摩托罗拉等，手机行业彻底洗牌，这种跨界就接近于单向跨界；微信和支付宝的相互跨界就接近于双向跨界。不过这两个现实中的案例都不是严格意义上的单向跨界或者双向跨界，因为传统手机行业也有三星手机从传统手机行业反跨界进入智能手机行业成功的特例，支付宝向移动社交行业的反跨界并没取得实质意义上的成功。

5. 先行跨界与跟进跨界

先行跨界是指企业开发原创性跨界创新产品率先向一个或多个行业跨界，或者开发了具有系统性创新的跨界创新产品向一个或多个行业跨界。先行跨界的企业一般是新行业的原创者或者引领者，其跨界或者是原创性的，或者进行了有别于先行跨界者的系统性创新。因此，先行跨界都属于跨界创新。

跟进跨界是指企业发现先行跨界者开创的跨界创新产品和新行业代表未来的发展方向，市场前景广阔，因此，在分析自身优势的基础上，跟进先行者，开发类似的跨界产品进入新行业。跟进跨界的企业在开发跨界产品时，虽然也有大量局部的技术创新，但是，由于已有可借鉴学习的对象，导致创新难度显著下降，而且局部创新与原创性、系统性创新相比，两者在贡献上相去甚远，因此，跟进跨界不属于跨界创新。

同样以智能手机行业为例，IBM和苹果公司的跨界为先行跨界，华为、步步高和索尼等公司跨界推出智能手机产品和品牌，就只能算跟进跨界。

三、跨界创新诠释时代变迁

跨界创新作为创新的一种方式，并非近几年才出现，而跨界创新具备颠覆性的力量，成为企业必须面对的一种趋势，绝对是最近才有的。云卷云舒，日月如梭，世事变迁，当今世界已步入跨界创新的时代。

（一）跨界创新势不可当

跨界创新时代，科技飞速发展，传统产品的红海市场竞争激烈，消费者的跨界消费需求被唤醒……这些外部因素叠加的结果，造就了一批借助跨界创新而迅速崛起的明星企业，也猝然倒下了一批昔日的行业翘楚。成败一瞬间，回望已惘然。目睹了一系列令人震撼的案例后，大家似乎普遍接受了这样的观点：成功是因为抓住了跨界创新的机遇，失败是因为后知后觉被跨界者打劫。于是，各行各业、规模不一的众多企业纷纷开始尝试跨界开发蓝海市场，跨界创新成为不可阻挡的潮流和趋势。

1. 新技术催生跨界创新

新技术层出不穷的时代，是市场不断洗牌和产业格局重构的时代，新技术既是催生跨界创新的灵丹，也是封杀因循守旧之企业的利器。新技术在创造新市场的同时，也在不断改变原有的市场或行业格局。企业唯有抓住跨界创新的先机，方能成为蓝海市场的开拓者，方能有更多的时间与空间，去积蓄主导蓝海市场的能量。

信息技术、人工智能、生物科技、新材料和新能源等领域的科技发明，是孕育跨界产品的技术基础。顺势崛起的跨界产品和服务，不断冲击着既有的行业边界，跨界竞争陡然加剧了行业竞争的不确定性和无序性。嗅觉灵敏的产业巨头寻找一切可能的跨界创新机会，开发跨界产品，加速向其他行业渗透。企业需要更敏锐的直觉和更坚决的跨界创新战略，方能把握跨界创新的机遇，在产业格局巨变的时代，取得先机。

以信息技术为例，信息技术的发展和移动互联网的普及，不断地拉近了人与人之间的距离，信息传播速度得到了极大提高，传统金融行业的边界仿佛一夜间被移动支付和"宝宝"类产品等互联网金融瓦解；通信行业巨头苦心经营多年构筑的行业边界被微信的流行击溃于微信用户的谈笑之间；有线电视等传统媒体被在线视频 APP 抢占了大量市场份额。试想一下，如果在支付宝和微信支付开发移动支付产品之前，金融行业巨头能够抓住机遇，率先开发移动支付 APP，格局又会怎样？同理，中国移动等通信巨头如果能在微信流行之前，先行开发移动社交 APP，还会不会有微信的诞生呢？

当新技术发展到具备颠覆原有商业生态的力量之际，跨界创新必然萌芽并成长为竞争力极强的创新方式，区别只是谁抓住了跨界创新的机遇，谁动了谁的奶酪，谁颠覆了谁。

2. 新蓝海诱发跨界创新

当今时代，科技发展极大提升了各行业的生产能力。规模化经营降低成本的传统竞争战略，诱发企业不断扩大规模与产能，导致传统产业呈现全球范围产能过剩的常态，各行各业陷入产能过剩与红海竞争的双重泥潭艰难求生。

近年来，不断涌现的跨界创新产品和营销合作成为行业聚焦的热点，苹果、腾讯和云南白药等，这些取得成功的跨界创新企业也激发了更多企业的跨界冲动。而推动这股跨界热潮的根本原因之一，无非是市场需求饱和与企业追求增长之间的矛盾。

企业的跨界创新，恰好能打破现有行业和市场格局，唤醒新需求，开辟蓝海市场。事实上，跨界创新在创造蓝海市场的同时，也变相蚕食了跨界者和被跨界者所在的原行业的市场。换言之，蓝海市场的诞生，往往伴随着红海市场更红，甚至消失。因此，跨界创新成为企业开发新市场、进军新蓝海的一个有力支点。反之，故步自封、不求突破的企业，其生存和发展空间将越来越窄。

跨界创新通过突破现有行业边界，颠覆既定市场格局，从而创造新的蓝海市场。企业是跨界创新开发蓝海市场，还是故步自封等着跨界者打劫？这个问题似乎不难回答。正因如此，对蓝海市场的渴求，激励着越来越多的企业选择跨界创新之路，跨界创新的循环链条也因此产生。

3. 消费者需求倒逼跨界创新

消费者需求从来都是企业创新的最根本的动力，跨界产品在满足消费者需求方面具有天然的优势。跨界产品的最大特点是集成了几个原产品的功能，原来需要几个产品才能满足的需求，现在只要一个产品就能满足，可以想象消费者最终会怎样选择。跨界产品既满足了消费者享用多才多艺的集成化产品的需求，又满足了消费者求新求异的被尊重和自我实现的需求。因此，可以说跨界创新唤醒了消费者的跨界消费需求。

跨界消费需求实际上也是与跨界创新对应的一个需求概念，主要指消费者潜藏在骨子里的求新求异的集成化需求，也可以说是消费者难以自控的对集成化创新产品的迷恋。跨界消费需求既根植于消费者需求的内心深处，又贯穿于消费者所有的外显消费行动之中。这种被跨界产品唤醒令世人惊叹的跨界消费需求，无疑会成为世人开发新的跨界产品的最大动力。

跨界创新激活了跨界消费需求，反过来，被激活的跨界消费需求又将成为推动社会发展的重要力量，倒逼企业不断通过跨界创新开发新的跨界产品。这也预示着一个全新的消费时代——跨界消费时代的来临。身处这样的时代，企业必将抓住一切机会通过跨界创新来满足消费者的跨界消费需求。

不妨在这里分析下智能手机这个跨界产品的消费者需求逻辑，可以从中更直观地体会消费者跨界需求的特性。

智能手机是一个典型的集成化跨界创新产品，消费者的多种需求一机解决。它集成了传统数字手机、数码卡片相机、PC 机软件服务等诸多传统电子产品的功能，消费者只要一机在手，原来必须依赖多个电子产品方能满足的需求，就能一站式解决。智能手机对消费者最大的吸引力来自其强大的 APP 服务功能，由于移动互联的网速不断提升，智能手机 APP 的服务功能也越来越强大，迅速赶超了 PC 端应用软件，越来越多的消费需求可以借助智能手机 APP 实现。智能手机对原有相关产品和服务的冲击是致命的，被智能手机显性功能冲击的有传统数字手机行业、数码相机行业、PC 计算机行业；被不断涌现并持续升级的智能手机 APP 冲击的有互联网社交行业、电信行业、纸媒行业、有线电视行业、传统金融行业、在线游戏行业等。智能手机的颠覆力量之大，冲击面之广，可以说叹为观止。

究其本质，智能手机并没有从根本上改变消费者的需求，改变的只是满足消费者需求的方式。消费者原来必须依赖多个产品才能满足的需求，现在只需要智能手机一个产品就可以满足。智能手机不仅集成化地满足了消费者的多种需求，而且成功唤醒并满足了消费者的跨界消费需求。

然而，尽管消费者跨界需求的力量强大到令世人惊叹，甚至难以自控，却并非有益无害。最典型的例子莫过于随着智能手机的普及，APP 的数量越来越多，功能越来越强大,智能手机人群基本上全部沦陷为"低头族",时间在"低头族"的手机屏上飞快流逝,网络新闻和八卦、网上聊天、网上追剧、手机游戏等占用了手机用户的大部分闲暇时间,甚至占用了大家的工作和学习时间。

综上所述,消费者的跨界消费需求毋庸置疑具有强大的力量,可以激发企业不断开发跨界创新产品,但同时,跨界消费需求也根植着人性的诸多弱点,无节制地开发也会产生诸多负面效应。

(二)跨界创新时代的特征

跨界创新以不可阻挡之势开启了新的时代,跨界创新时代具备一些迥异于以往时代的特征。这些特征有些是正面的,有些是中性的,有些却是负面的。随后有章节将专门分析跨界创新的"双刃效应",这里,先不加以区分地对这些特性进行逐一分析,咀嚼品味跨界创新诠释的时代变迁。

1. 跨界创新加速推动人类文明进程

在跨界创新时代,新技术的发展以及企业对蓝海市场的渴求,两者混合发酵,必然会加快企业跨界创新的步伐,跨界创新产品以前所未有的速度和规模不断涌现。这些跨界创新产品,比以往任何创新产品都更加快速地推动了人类文明的进程,润物无声地帮助人类实现了生活更便捷、更美好的愿望。

迄今为止,最经典的跨界创新产品主要有智能手机、移动社交 APP、移动支付等。可以预见未来,智能机器人、新能源汽车、无人驾驶、物联网等领域还会涌现影响力巨大的跨界创新产品。

当我们日常生活中可以方便地使用移动设备付款时,当我们轻松地使用微信或者 Facebook 与世界各地的亲朋好友联络时,当我们一机在手几乎可以随时随地购物、阅读、买票、订酒店、网约打车、玩游戏和看视频时,我们的生活已悄然跃升到更高的文明等级。

2. 跨界创新深刻改变人类生活方式

跨界创新产品能够满足消费者深层次的跨界消费需求,对消费者的吸引力是难以抗拒的,因此跨界产品的普及往往迅雷不及掩耳。当人类几乎是"羊群效应"一般地选择使用跨界产品,并迅速习惯甚至依赖这些产品之时,人类的生活方式就已经不可逆转地深刻改变。

例如智能手机和移动互联的普及，可以说是猝不及防地将人类推进到快餐时代。手机依赖症彻底改变了人类的日常生活，随处可见的人群几乎都沦为"低头一族"，时间在网阅、网聊、网视和网游中飞逝。快餐时代的生活让人深刻体会到爱因斯坦相对论的真谛，时间太好过了，时间都去哪儿了；岁月似流水，岁月是神偷。早晨醒来刚打开手机看了几个新闻和八卦，又看了看微信朋友圈，2个小时就过去了；晚上打开手机视频追两个剧，就已到深夜；怎么转眼半年过去了，年初制订的学习计划还差好多没完成。回首再望，过去没有智能手机的时代，生活虽然慢但是日子更醇绵，诱惑那么少所以时间更可控，可以有很多时间用来学习提升、锻炼身体。于是，"50后""60后"和"70后"开始感叹，回不去的慢生活，回不去的书卷香，回不去的田园牧歌。

可见，消费者的羊群选择是符合人性的，是符合人类深层次跨界需求的，但不一定就是有益无害的，因为人性本身就是既有优点也有弱点的。跨界消费需求催生的跨界产品，深刻地改变了人类的生活方式，这种改变是难以逆转的，但也是有利有弊的。不得不令人感叹人类文明如此伟大的同时，也必须警惕地正视被跨界创新放大的人性弱点。

3. 行业边界具有脆弱性和动态性

企业不断寻求跨界创新机会的结果，必然是行业边界随时都有被打破的可能。因此，行业边界不再稳固，具有脆弱性和动态性。

行业边界的脆弱性和动态性，实际上意味着产业结构、市场结构、企业竞争格局的相对稳定状态全都难以为继，因而，无论是市场风险还是企业经营风险都在加剧。

因为行业边界不再稳固，一旦边界失守，就会出现整个行业的系统性解构甚至崩盘，加剧了企业的风险防控难度。因此，企业不能再像以往一样只关注行业内的竞争者，还必须关注可能对行业有重大影响的技术创新，关注这些技术创新可能会衍生出什么样的跨界创新产品，关注有能力挑战整个行业的跨界者，提前预测并尽早应对，尽可能地做主动跨界的一方，竭力避免被跨界者击伤并且错失反跨界的时机。

4. 行业融合导致行业数量减少

因为跨界创新产品能够部分甚至完全替代原行业的几个产品的功能，所以，在跨界创新产品能够完全替代原行业产品功能的情境下，每发生一例跨界创新的成功案例，就会导致两个以上的行业快速或者渐渐融合，最终演化形成一个新的行业。因此，跨界创新会造成行业数量减少。

从理论上分析，如果是单边跨界创新，会导致两个行业融合为一个新的行业，即跨界企业所在行业和被跨界行业最终融合为一个新的行业；如果是多边跨界创新，会导致相关的多个行业融合，也就是跨界企业所在行业和被跨界的几个行业最终融为一体。

跨界创新将导致行业数量的减少，这种行业整合会连带产生哪些效应呢？因为影响因素众多，分析起来也比较复杂。确定会产生的效应有被跨界行业中的企业员工被裁员甚至长期失业；相关行业洗牌会加剧社会和经济的风险等。直觉判断会产生但不确定的效应有全社会工作岗位总数量的减少；在岗员工平均薪资降低；工作机会的减少倒逼社会治理体制改革等。

5. 企业平均寿命变短

跨界创新在冲击行业边界的同时，很可能一击即中直接封杀了被跨界行业的市场，被跨界行业的大量企业凋零甚至溃败，这种以整个行业为统计单元的企业大面积衰退，必然拉低全球企业的平均寿命。更重要的是，跨界创新时代是颠覆式创新的时代，行业洗牌和企业盛衰的周期缩短，因此，企业寿命变短成为一种普遍现象。

有研究显示，近年来企业寿命正在显著下降。2018 年 3 月的 Innosight 企业寿命预测发现，颠覆性创新正在加速，大公司在动荡加剧的市场中保住自己的排位越来越难。根据标准普尔 500 指数的测算，20 世纪 60 年代大企业的最长平均寿命为 61 年，2015 年只有 25 年（见图 1 - 1）。标普 500 的样本企业平均上榜时间从 1965 年的 33 年缩短至 2017 年的 23 年，预计到 2027 年将进一步缩短至 12 年。企业从标普 500 样本股中被剔除的主要原因：一是被快速发展的公司超过；二是掉到了市值规模阈值之下；三是被并购或者买走。根据 2017 年以及预测的流出率数据，Innosight 的研究表明，2017 年上榜标普 500 强的公司有一半将会在未来 10 年被取代。这一预测也跟此前 2012 年、2016 年的分析一致。

　　中小企业的平均寿命数据也不容乐观。据《财富》研究表明，美国大约 62% 的企业寿命不超过 5 年，只有 2% 的企业存活达到 50 年，中小企业平均寿命不到 7 年，大企业平均寿命不足 40 年，一般的跨国公司平均寿命为 10 ~ 12 年。据《中国民营组织发展报告》研究显示，中国每年新生 15 万家民营企业，同时每年死亡 10 万多家，有 60% 的民企在 5 年内破产，有 85% 的在 10 年内死亡，其平均寿命只有 2.9 年。

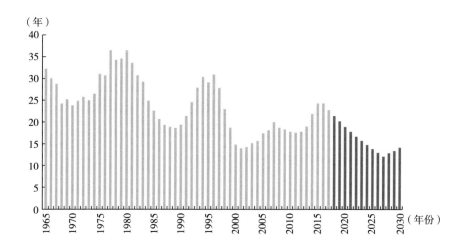

图 1 - 1　标准普尔 500 指数的样本公司平均上榜时间（1965 ~ 2030 年）

资料来源：https：//www.innosight.com。

6. 企业巨头如履破冰

　　跨界竞争时代，企业巨头的表面风光下潜藏着巨大的风险，如履薄冰，随时都面临着被击溃的威胁。

　　近年来，被跨界者击溃的企业巨头并不鲜见，最触目惊心的是曾经非常优秀的企业巨头的猝死。这些企业巨头或者没能精准预测行业外的跨界竞争威胁；或者在发现时已经来不及反击；又或者就处在没办法还击跨界者的行业。当跨界竞争者强势进入这些巨头所在的行业时，因为船大难掉头，兼之大势已去，无论曾经是多么的优秀，甚至被击倒之时仍然管理得井然有序，产品质量依然值得称道，但终究还是难以逃脱被击溃甚至猝死的命运。

跨界创新时代，最致命的竞争对手往往来自你看不见的领域，而不是来自你所在的行业，好比猪学会了耕地成为了牛的竞争对手，外星人出现在地球成为人类的对手一样。当某一个行业被跨界创新产品颠覆之时，处于这个行业的巨头，整个行业中的大小企业，与该行业相关联的产业链上下游企业，都将难逃被洗牌的命运。

已经被跨界者击溃的公司自不必言，那些仍然是所在行业的佼佼者、领头羊甚至是跨界者的公司，也有朝不保夕的危机感。

微软公司的董事长比尔·盖茨的一句名言就是"我们离破产永远只有 90 天"。

华为总裁任正非经常说，"现在是春天吧，但冬天已经不远了，我们在春天和夏天要念着冬天的问题"。

腾讯的董事会主席马化腾曾经说，"12 年来，我最深刻的体会是，腾讯从来没有哪一天可以高枕无忧，我们每天都如履薄冰，始终担心某个疏漏随时会给我们致命一击，始终担心用户会抛弃我们"。

波音公司为了增强员工的危机意识，摄制了一部模拟公司倒闭的电视片：在一个天空灰暗的日子里，波音公司高挂着"厂房出售"的招牌，扩音器里播着"今天是波音公司时代的终结，波音公司已关闭了最后一个车间"的通知，员工一个个垂头丧气地离开了工厂。① 该片极具震撼力，既警醒了员工，也成就了公司的韧性和创造力。

7. 跨界颠覆带来新的动荡

"颠覆""重组""洗牌"是高频率与"跨界创新"结伴出现的词汇，这些词汇都是"稳定"的反向词汇。这些词汇充分说明了跨界创新与稳定呈负相关，与动荡呈正相关。

跨界创新时代，企业对环境和未来的预判难度提高，跨界竞争和业内竞争并存导致企业经营的不确定性增大，行业边界变得脆弱，行业的洗牌风险加剧，社

---

① 丁兆领. 谁是最会买土豆的人［M］. 合肥：黄山书社，2011.

会的稳定性降低。

前不久看了一篇文章，分析的是企业寿命越来越短，而人的寿命越来越长，导致就业挑战越来越大。针对这种现象的分析和担忧，从另一个侧面反映了跨界创新引发的行业颠覆给社会带来了新的困扰。

8. 社会规制跟不上变化

这些年，科技发展日新月异，世界变化得很快。跨界创新犹如催化剂，加快了世界变化的速度，加宽了世界变化的幅度。

十年之前，拿着诺基亚或者摩托罗拉数字手机还很自豪，十年之后，换了好几个智能手机的人也不再自豪；五年之前，高铁线路还不多，坐高铁的人还很少，五年之后，高铁线路越来越多，没坐过高铁的人已经很少；三年之前，大家都还在自动柜员机取现钞，三年之后，大家都已习惯于拿着手机进行支付。曾几何时，一家人还在电视机前争抢遥控器换频道，现在一言不合就可以打开手机或者平板电脑上的视频 APP，一个人微笑面对海量可选"频道"；又是何时，大家还都在火车站或者代售点排队买票，现在多数人都通过手机 APP 网上购票。

然而，社会规制的变化有其自身的特定程序和周期规律，并不能随着社会的快速变化而自发调整。因此，已经出现了社会规制变化跟不上产业和社会变化的趋势。也就是说，出现了大量法律和制度监管的盲区。可以预见的是，随着下一轮或者再下一轮跨界创新的涌现，这样的盲区将会越积越多。

跨界创新引发的社会规制的缺位，造成的危害是社会无法及时通过法制约束新事物的负面影响，因此就不能及时防范其给社会发展带来的风险和隐患，甚至有可能出现失控的局面。

（三）跨界创新时代的启示

当人类带着些许惊奇、些许懵懂进入跨界创新时代，发现我们的生活似乎已被智能手机左右的时候，仍有大量优秀企业睁着敏锐的双眼，试图捕捉下一个系统性的跨界创新机遇。特斯拉正在挑战传统汽车行业；阿尔法狗战胜了人类最优秀的围棋高手；无人驾驶将重构整个交通系统。人们在期待新事物、新文明的同时，也难免滋生惊恐和疑虑，人类未来还能否掌控自己的命运呢?!

1. 人类前进的步伐无法阻挡

无论人类未来能否掌控自己的命运，人类前进的步伐都无法阻挡。根据当前科技、经济和社会发展的逻辑关系来分析，跨界创新时代的到来也是历史发展的必然，是人类发展史上必须经过的阶段。

当技术发展孕育了跨界创新的机会，当产能过剩倒逼着企业去寻找新的出路，你不跨界创新就会有其他企业跨界创新。因此，跨界创新不会缺席，跨界创新时代必然到来。抓住机遇的往往是先知先觉的跨界者，缺席的只会是后知后觉甚至不知不觉者的被打劫者。和人类历史上的任何重要发展历程一样，谁也无法阻挡人类进入跨界创新时代，并在跨界创新时代继续向前。

人类的生活方式在跨界创新时代最终会变成什么样，主要取决于技术在实践中的应用、消费者需求的觉醒、社会规制的制衡三者之间的交互作用。至少目前来看，跨界创新时代人类的终极生活方式，还属于科幻片研究探讨的范畴，可以大胆地去幻想，凭直觉去揣测，却无法用科学方法进行较为精准的预测。

2. 来自实践的力量异常强大

跨界创新属于原创的系统性、颠覆式的应用创新，有趣的是，很多跨界灵感通常源于精细入微的企业实践和用户体验，并非企业有意识谋划的产物，跨界产品往往是接地气的企业实践活动得到用户认可后迅速发展壮大的。

以互联网产业为例，微信、腾讯 QQ、淘宝网、支付宝、新浪微博，皆发源于接地气的企业实践活动，最终成为企业跨界竞争取得优势的利器。从微信团队高速成长撼动三大通信运营商的案例可以看出，发源于企业实践、经过用户体验打磨的跨界具有神奇的力量。

实践是跨界创新的主要灵感来源，实践是连接跨界创新产品和消费者需求的最好纽带。源于实践的跨界创新产品，本身就蕴含了来自实践的强大力量，因此，具有强大的市场竞争力、极致的消费者体验和改变人类生活方式的影响力。

有案例和事实佐证，迄今为止，有影响力的跨界创新产品绝大多数源自企业实践和用户体验，所以，企业和市场主导的跨界创新，才是研究跨界创新的学者应该关注的重点领域。

3. 应用技术开发的隐患难以避免

人类面临的生存威胁是一个热点话题，例如大家经常提到的机器人杀手、生物黑客、核战争、气候变化、小行星碰撞、资源匮乏等。经过梳理可发现，这些威胁主要分为两类，一类是来自宇宙自身的运行规律，另一类则来自人类的科技发展和技术开发。

应用技术的开发在推动人类文明进程的同时，也埋下了诸多威胁人类和谐、安全甚至生存的隐患。跨界创新也不例外，在跨界创新产品的开发过程中，也会伴生一些或大或小的隐患。小的隐患诸如智能手机把大家都变成了"低头族"，人的意志被普遍消磨、时间被大量浪费，人变得越来越没有自控力。大的隐患例如智能机器人可能会反制人类。智能机器人应该是下一个跨界创新的载体和热点，随着技术的进步，工业机器人和服务机器人将会越来越智能，可以集成化替代很多现有产品或服务的功能。在机器人变得越来越强大的趋势下，人类很可能会在某一天失去控制机器人的能力，被机器人反控制，甚至杀害。

人类显然无法阻挡应用技术开发的不断升级，在这个历史进程中，应用技术开发的隐患也同样难以避免，而且日渐积累。那么，当我们惊叹应用技术开发带来的生活方式巨变时，当我们身处跨界创新时代一路向前无法回头时，我们是否能够清醒地意识到，人类可能是在失控度呈几何式增长的路上奔跑呢?!

第二章　跨界创新的格局

通常发源于某个卓越非凡的企业的跨界创新，既不是一个企业的故事，也不是一个行业的故事，跨界创新必将演化为两个以上的行业中所有企业的故事。因此，跨界创新既有属于自己的生态系统，也有属于自己的格局。

唯有从宏观、中观和微观视角去分别分析，方能既见树木又见森林，更加清晰地洞察跨界创新带来的系统演变。只有站在一定的高度，才能一览全局。为了看懂看清跨界创新的格局，不妨把视线拉长、视野扩宽，从涵盖跨界者和被跨界者的视野高度，以新旧行业和产业链演化成为相对稳定的新系统的时长为限，来总揽并描述跨界创新的格局。

一、跨界创新的宏观、中观和微观视角

新技术浪潮孕育了跨界创新的机遇，视野和技术兼具的企业会敏锐地发现并捕捉这类珍贵的机会，去尝试打破原有行业的边界，开发全新的跨界产品。每一次成功的跨界创新都将引发大范围的行业颠覆和重新洗牌，这种颠覆需要从宏观、中观和微观三种视角进行分析，方能全方位地了解跨界创新的影响力。

（一）宏观视角之颠覆与重建

跨界创新的动力来自国家或企业之间的技术竞争、企业开辟新蓝海的内在需求、新技术应用产生的商业重构机会等。国家与国家、企业与企业之间的技术竞争是推动技术进步的强大动力，这种竞争越激烈，技术进步的速度就越快，形成

技术浪潮的概率也越大，技术浪潮是企业跨界创新的沃土；企业开辟蓝海市场的强烈需求，是企业在行业的跨界地带寻求跨界机遇，开发跨界创新产品的根本动力；新技术应用产生了商业重构的机会，从某种程度上讲，商业重构机会相当于跨界创新契机，乱世出英雄，跨界者需要从行业这样的重新洗牌机会中脱颖而出，因此，可以说商业重构机会是企业跨界创新的直接动力。

从宏观角度来看，无论跨界创新的动力来自宏观层面还是微观层面，跨界创新时代一个显著的标志就是原来相对固化的产业结构和商业模式将不复存在，跨界创新必将引发一轮又一轮世界范围内产业结构的颠覆与重建。这种产业结构的颠覆与重建，其结果会导致一些传统产业的转型、萎缩、消亡，一些新兴产业的产生、崛起、兴旺，一些产业的融合、重组、重构。

这样，不仅旧的产业结构将逐渐成为历史，更重要的是，大家曾经习以为常的产业结构的相对稳定状态也将成为历史。全球产业结构将在一次次以企业为主导的跨界创新浪潮中，涅槃，再涅槃，不停地走在向全新产业结构演化的路上。很可能还没演化为相对稳定的新产业结构，就迎来了下一个有影响力的跨界创新，再次面临新一轮产业结构的颠覆和洗牌。换言之，跨界创新将导致全球产业结构从相对固化的状态变为不断地、较大幅度地动态调整的状态。跨界创新涉及的行业越多，产业结构颠覆的程度越大；跨界创新爆发的频率越快，全球产业结构的动态调整也将越频繁越剧烈。

或许，当今时代，跨界创新诱发的新旧产业结构更迭才刚刚拉开序幕，更剧烈更频繁的洗牌和颠覆，还在人类时间之旅不远的拐角处静候。

（二）中观视角之行业边界失守

从中观层面来看，跨界创新会持续不断地改变原有的行业分类，也正因如此，一浪又一浪的跨界竞争浪潮必将冲击各行各业。各行各业似乎进入春秋战国时代，行业外的跨界竞争者来自何方难以预测，对本行业的冲击和影响力也难以估量，可以肯定的是行业边界变得很脆弱。

尽管行业边界失守仍然会令被跨界的行业措手不及，甚至哀鸿遍野，但是大家不会再为此惊讶，因为已经见多不怪了。已经发生的和正在发生的跨界创新案例中，被跨界创新颠覆的行业和击溃的巨头，一次又一次地淬炼了大家的身心，所以，对于即将发生的跨界创新，从大众视角来看，大家既有预期，也有心理准备。

行业间的跨界竞争将成为常态，行业界限会在不经意中悄然而破，行业被跨界者颠覆后迅速没落的现象时有发生。企业主要关注行业内竞争的时代渐行渐远，行业巨头再也难以凭借行业边界之围墙守护自己的既得优势和垄断地位。

行业边界失守的结果，必将形成新的竞争态势，竞争将变得更激烈更无序。新的竞争态势不再以行业内竞争格局为基本单元，行业间的跨界竞争往往会出其不意，一个成功跨界创新的新行业巨头，随时会击溃一个甚至多个传统行业的昔日巨头。

（三）微观视角之企业跨界竞争

从微观层面来看，跨界竞争的时代，企业必须具有敏锐的触角，能够迅速地发现跨界创新的机遇和威胁，积极地整合资源尝试跨界创新或者应对跨界挑战。

跨界创新的机遇往往和新技术结伴出现，企业既要善于发现新技术在行业边界交叉地带应用的机会，也要善于评估已经出现的跨界创新产品的市场潜力，并根据市场需求开发出消费者喜爱的跨界创新产品。前者是跨界创新的原创者必须具备的能力，跨界创新的引领者则必须兼具这两种能力。

在大家熟悉的行业内竞争的时代，企业主要盯着行业内的对手，就像诺基亚盯着摩托罗拉、宝马盯着奔驰，但在跨界竞争的时代，企业需要特别注意跨行业的技术创新，否则会在被跨界创新颠覆时，整个行业内的所有企业一片愕然，悉数在劫难逃。比如，互联网阅读对纸质出版业的颠覆，智能手机对功能手机和数码相机行业的颠覆。

然而，对很多企业而言，面对跨界创新所带来的诸多风险，并非企业提前作为就能化解的，有些企业甚至会因为本身的特质，在跨界竞争格局中处于先天的劣势地位，注定会成为跨界创新时代的悲歌。跨界竞争格局的形成，对于重市场、轻资产、易转型的企业是有利的，而对重资产、规模大、难掉头的传统产业巨头则是不利的；对于那些有技术能力集成多种产品功能的企业是有利的，对于只具备开发单一功能产品的技术能力的企业则是不利的。

放眼当今的跨界竞争时代，微信正在悄无声息地挤压着移动通信收费业务；支付宝仍在持续不断地冲击着传统银行的支付、汇兑和小额信贷市场；京东还在不依不饶地颠覆着传统零售卖场等。跨界者蚕食着被跨界传统行业巨头的市场，这些传统行业巨头的地位岌岌可危，它们将何去何从？跨界创新的企业会不会成为新的行业巨头？它们会被其他跨界者击垮吗？跨界创新是不是将缩短企业的生命周期？百年老牌企业会不会越来越少？跨界和被跨界的企业，是否都能时刻嗅到朝不保夕的紧迫感？身处跨界创新的时代，上述问题急需审视与思考。

从宏观、中观和微观视角分别审视跨界创新，可以帮助决策者总揽跨界创新带来的系统性影响。若要更清晰全面地了解跨界创新的生态系统及其演化过程，尚需从跨界创新涉及的行业和企业分类剖析。一轮成功的有影响力的跨界创新，格局是宏大的，带来的相关行业和企业的生态系统演化是既生动也惨烈的。参与跨界竞争的企业有跨界者、被跨界者和留守者，涉及的行业有跨界者原来所在的行业、被跨界的行业、跨界创新后产生的新行业，持续时间从跨界颠覆开始一直到新旧行业和新旧产业链演化为相对稳定的状态为止。这场格局宏大、涉及多个行业和无数企业的系统演化，就好像一部连续播出的企业兴衰、行业演变和系统重建的大戏，令人感叹，直击心灵。

二、走在时代前沿的跨界者

跨界创新的格局中，最重要的力量来自跨界者方阵。跨界者方阵主要由跨界创新的原创者、引领者和跟随者组成。他们是跨界创新的主导方，是走在时代前沿的跨界者，是他们在改变世界，创造并引领新时代。跨界创新的引领者，是跨界创新时代的灵魂。

（一）跨界者方阵

1. 跨界创新的原创者

跨界创新的原创者是指最早有某类跨界创新的灵感并付诸实践的企业。这类企业既是某个特定领域的跨界创新的最早探索者，也是跨界创新灵感的捕手，然而却不一定是该轮跨界创新的成功者和最大受益者，它们的跨界创新实践是其他跨界者可借鉴的宝贵经验。

智能手机的原创者并非苹果公司，而是 IBM 公司。世界上公认的第一部智能手机 IBMSimon 诞生于 1993 年，由 IBM 与 BellSouth 合作制造，使用 Zaurus 操作系统，只有一款名为 DispatchIt 的第三方应用软件。IBM Simon 为以后的智能手机处理器奠定了基础，具有里程碑的意义。[①] 因此，从计算机行业向手机行业跨界创新，推出智能手机的原创者是 IBM 公司。

即时通信软件的原创者也并非开发 MSN 的微软公司或者推出 QQ 的腾讯，而是首创 ICQ 的 Mirabilis 公司。三名以色列青年于 1996 年 7 月成立了 Mirabilis 公司，并于同年 11 月发布了 ICQ。ICQ 是英文"Iseekyou"的谐音，意思是我找你。早期的 ICQ 很不稳定，但还是很受欢迎，巅峰时期用户超过 1000 万，是当时全球最大的即时通信软件。ICQ 后来的发展不尽如人意，1998 年被美国在线以 4.07 亿美元收购，2010 年俄罗斯投资公司 DST 宣布以 1.875 亿美元收购美国在线旗下的 ICQ 业务。ICQ 被美国在线收购后，一开始挺受重视，后来就被搁置了，曾经长时间软件没有任何更新。被俄罗斯投资公司收购后，ICQ 再次活跃了起来。然而，因为即时通信软件行业引领者的崛起，ICQ 的行业影响力早已不复存在。

2. 跨界创新的引领者

顾名思义，跨界创新的引领者就是引领某类跨界创新取得成功的跨界者。这类企业既是跨界创新时代的成功者，也是跨界创新时代最大的受益者，更是跨界创新时代的灵魂。原创者有时候就是引领者，有时候却只是原创者。与单纯的原

---

① 王一涵. 微信支付用户使用意愿影响因素研究［D］. 天津：天津理工大学硕士学位论文，2015.

创者相比，引领者在行业中的地位更加令人景仰。

苹果公司就是智能手机跨界创新的引领者。苹果公司于 2007 年向市场推出 iPhone，因为产品的卓越性能，故而后来居上，很快成为智能手机行业的引领者，创造了智能手机时代的辉煌。苹果公司因此成为划时代的企业，而主导跨界创新的企业领袖乔布斯，也因此成为世人心中开创新时代的大神级人物。

Facebook 公司和腾讯公司是社交软件跨界创新的引领者。根据 Statista 发布的数据显示，2017 年全球排名前四的社交软件依次是 Facebook、微信、WhatsApp 和 QQ。排名第一的 Facebook，全球活跃用户超过 20 亿，占全球人口的 30% 左右；排名第二的是火遍华人圈的微信，活跃用户超过 10 亿；排名第三的是来自 Facebook 旗下的 WhatsApp，活跃用户高达 10 亿；排名第四的是腾讯旗下的 QQ，活跃用户约为 7.8 亿，和最高峰时的 10 亿活跃用户相比下降超过了 20%。全球前四大社交软件中，除了 Facebook 属于微博社交软件，其他三个都是即时通信软件，Facebook 后来也通过绑定 Messenger 具备了即时通信功能。其中，Facebook 和 WhatsApp 属于美国的 Facebook 公司，微信和 QQ 属于中国的腾讯公司，这也意味着全球社交软件市场已是双寡头市场。腾讯的社交软件用户主要是大陆居民和海外华人，真正的外国人尤其是西方人使用得并不多，Facebook 和 WhatsApp 的国际化程度远远强于腾讯的 QQ 和微信。

3. 跨界创新的跟随者

跨界创新的跟随者也是跨界者方阵中很重要的一支队伍，一般指跟随模仿原创者和引领者，开发并生产同类跨界创新产品的企业。

跟随者既不是跨界创新的原创者，也不是引领跨界创新的力量。他们不是颠覆性技术的发明者，他们是识时务且推波助澜的力量，是局部技术的完善者。尽管如此，这批后知后觉的跨界者，却不折不扣地成了原创者和引领者的商业竞争对手，并且有后来居上的可能。他们对跨界创新形成的新行业的发展和技术进步，做出的贡献不容小觑。

跟随者也可被分为不同的类型，不同类型的跟随者对跨界创新的贡献差异较大。根据介入跨界创新的阶段不同，可将跟随者分为早期跟随者、中期跟随者和后期跟随者。早期跟随者一般是原创者的模仿者，中期和后期的跟随者一般是引领者的模仿者。根据模仿中包含的自主创新的比例高低，可将跟随者分为高度模仿型、"模仿＋创新"型、"模仿＋创新逆袭"型，显然，后面两个尤其是最后一个类型的自主创新的比例更高，对跨界创新的贡献更大。

跟随者有可能演变为引领者，跟随者演变为引领者后，就具备了引领跨界创新的力量。早期的跟随者中，如果是"模仿＋创新逆袭"型的跟随者，很有可能在中期变为引领者；同理，中期的跟随者中，如果是"模仿＋创新逆袭"型的跟随者，很有可能在后期变为引领者。所以说，跟随者是原创者和引领者不折不扣的竞争对手，甚至有逆袭为引领者的可能。例如，腾讯模仿 ICQ 开发了 QQ，是即时通信软件 ICQ 跨界创新的早期跟随者，因为具备用户优势加上不断创新，在行业发展中期成为了引领者。又如，2004 年诞生的 Facebook 是美国的一个社交网站，是世界排名领先的照片分享站点，类似于新浪微博。2014 年 2 月 20 日 Facebook 公司以大约 190 亿美元的价格收购了即时通信软件 WhatsApp，WhatsApp 借助 Facebook 的品牌和用户优势，不断升级完善软件的性能，从行业跟随者迅速成长为引领者。

跟随者和引领者在跨界前不一定在同一个行业。例如，苹果公司是智能手机跨界创新的引领者，是从个人计算机行业向手机行业跨界的。智能手机跨界创新的跟随者较多，这些跟随者来自多个不同的行业。华为是从通信设备行业跨界进入智能手机行业的；起源于步步高公司的 OPPO，后来由陈永明买断了品牌权限成为独立品牌，OPPO 公司刚成立时是做音乐播放器、DVD 播放机等视听产品的，后来跨界进入智能手机行业；索尼公司可以说是从其他电子产品行业跨界进入的，也可以说是从数码相机行业反跨界进入的；还有较多其他智能手机厂商，情况也不尽相同。

（二）跨界者之间的竞争

跨界创新时代的跨界者，既需要有实力，也需要有敢于冒险的勇气；既要承担跨界创新产品未能成功开发的风险，还要承担来自跨界者之间竞争的风险。企业选择跨界创新并不意味着成功，即便是强者，也要承担跨界失败的风险。最终能够成功的跨界者都是既具有实力和竞争优势，同时又能踏准技术进步和市场演进节奏的，恰到好处的强者。

1. 原创者和早期跟随者的竞争

跨界创新的原创者，是最早开发某个类型的跨界创新产品的企业。原创者最早的跨界创新产品面世后，就会出现早期的跟随跨界者。这些跟随者和原创者之间，是标准的竞争关系。跨界者之间的竞争和博弈，激烈程度并不亚于跨界者和被跨界之间的竞争，对每一个跨界者而言，在这场竞争中，都是机遇与风险并存。

跨界创新产品开发的早期，产品还不成熟，产品性能还不够稳定，用户体验还不够好，用户较少，市场较小。因此，早期跨界者之间的竞争，更多的是跨界创新产品开发的竞争。谁能在早期的博弈中胜出，成为新行业的引领者，关键看谁开发的跨界创新产品性价比更高，更能得到消费者的喜爱，能更快地占有市场，并拥有品牌美誉。

跨界创新的原创者和早期跟随者，相比于中期和后期进入的跨界者，承担的风险要更大一些，成功的概率要更小一些。他们是在跨界创新产品还没诞生或者还不成熟时进入的，与之对应的这段时期，用户、市场和技术都还处于培育阶段，不确定性较大，因此，风险相对而言也更大。

原创者与早期跟随者相比，虽然前者对跨界创新的贡献大很多，但是在接下来的竞争中，往往并没有什么先发优势。原创者和早期跟随者一样，能否成为引领者，主要看其开发的跨界创新产品是否具有竞争优势。

2. 引领者和跟随者的竞争

早期跨界者之间的博弈，不仅促进了跨界创新产品性能的改进，更重要的是，培育了用户和市场，刺激了核心和配套技术的快速发展。因此，经过一段时间的早期博弈后，新行业引领者出现的时机就成熟了。一般而言，推出了市场高度认可的卓越跨界创新产品的跨界者，会成为新行业的引领者。

引领者成功推出性能稳定的跨界创新产品，被市场广泛认可后，新行业蓝海市场的魅力得以充分展现，必然会吸引更多的企业跨界进入新行业。在引领者和新老跟随者之间，新一轮的竞争也就正式拉开了帷幕。

这个阶段的竞争，主要看谁的产品更受用户喜爱，出货量更大，主要比的是品牌美誉度和市场占有率。口碑好、性能好的品牌产品，市场占有率会不断提高，渐渐取得竞争优势。

引领者在这一轮的竞争中，具有较显著的先发优势，新老跟随者难以超越。引领者一般会长期居于市场占有率排行榜的前列，成为新行业技术创新和产品升级换代的风向标。

3. 中后期的竞争格局

跨界者之间竞争的中后期，指的是从跨界创新的引领者出现开始，直到跨界创新产品的蓝海市场转为红海市场之前的这段时期。这个时期的主要特点：一是跨界创新产品性能已稳定；二是核心技术渐趋定型；三是新行业处于成长期；四是市场需求高速增长；五是产品品种及竞争者数量增多；六是新行业的竞争状况已比较明朗；七是企业进入跨界产业的壁垒提高。

上述特点决定了中后期跨界者之间的竞争格局：一是引领者的市场影响力大，有显著竞争优势，是跟随者模仿学习的对象；二是实力强的新进入者采取差异化策略，抢占引领者尚未占领的细分市场，有可能快速进入头部阵营；三是行业集中度快速提高，头部阵营企业的市场占有率总和超过50%，市场逐渐向寡头垄断的格局演变；四是尽管是蓝海市场，但是市场占有率较低的竞争者经营仍然较困难；五是头部阵营企业的竞争激烈，随着时间的推移，市场占有率排序会发生变化。

（三）跨界者的贡献和成败

参与某类跨界创新产品研发和生产的企业数量众多，这些企业由跨界者方阵和反跨界者组成，可以通称它们为广义的跨界者。在跨界者方阵中，从原创者到早期的跟随者、引领者、中后期的跟随者，是一个数量较大的企业阵营。被跨界者中选择反向跨界策略的企业是反跨界者，也是跨界创新产品研发生产的主力阵营。这些先后进场博弈的跨界者，都为新行业的诞生或发展做出了较大的贡献，其中，原创者和引领者的贡献更大。然而，在这场时间跨度较长的跨界竞争中，大部分跨界者或者被淘汰出局，或者处于很被动的竞争地位，最终能够进入新行业头部阵营的跨界者，屈指可数。因此，并非抓住跨界创新的机遇，选择跨界创新，就能够成功。在某一类跨界创新的进程中，能够持续成功的企业数量较少，大部分跨界者在取得阶段性成功后被击垮，或者在新行业中艰难维持很少的市场份额，最终沦为跨界创新过程中的陪练者。

1. 智能手机行业跨界者的众生相

从各个相关行业跨界进入智能手机行业的企业，再加上传统手机行业进入智能手机行业的反跨界者，数量众多。然而，迄今为止，该行业的头部阵营中，也就只有苹果、三星、华为、小米、OPPO 和 ViVo 等几家企业。可见，无论是跨界者还是反跨界者，都是冒着九死一生的风险。这里，不妨将智能手机行业的各类跨界者和反跨界者的代表，按照跨界进入新行业的时间、跨界前所处的行业、做出的贡献、最终的结局，列表逐一分析。在表 2 - 1 中，跨界者指的是广义跨界者，也就是包括从其他行业跨界进入智能手机行业的跨界者和从传统手机行业进入智能手机行业的反跨界者。

从第一款智能手机 Simon 诞生至今，智能手机已有 27 年的发展史，期间跨界者众多，行业的头部阵营经历了大换血。依据智能手机市场的演变阶段和企业巨头的兴衰周期，这 27 年又可以分为三个阶段：

（1）蓄势等待期。从 1993 年 PC 行业巨头 IBM 跨界创新推出 Simon，到 2000 年传统手机巨头摩托罗拉推出天拓 A6188 之前。这段时期，智能手机已经诞生，未来的市场潜力引起了关注，但是移动网络等关键配套技术尚未开发，没有移动网络的智能手机就好比无水之鱼，与数字手机相比没有竞争优势，所以 Simon 面世后的 6 年时间，并没有其他厂商跟随开发智能手机。Simon 没有火的最主要原因也是市场机遇未到，产品太超前，智能手机还需要蓄势等待外围条件成熟（见表 2 - 1）。

（2）传统手机巨头控场期。从 2000 年开始，移动互联网和智能手机进入了同步发展期，智能手机在手机市场的竞争优势逐渐凸显，传统手机行业巨头纷纷开始开发智能手机，智能手机市场逐渐成熟，2009 年智能手机开始普及。2009 年 10 月诺基亚推出的全触屏智能机诺基亚 5230，搭载塞班系统，创下了 1.5 亿部的惊人销售成绩。2009 年摩托罗拉开始使用 Android 系统，几款手机先后成为最畅销安卓机，创造了 74 天销售 105 万部手机的奇迹。2009 ~ 2011 年，诺基亚、黑莓、苹果位居全球智能手机排行榜前三位，摩托罗拉、HTC 随后。

表 2－1　智能手机行业跨界者的贡献与结局

跨界者	跨界时间	跨界身份	跨界产品	原行业	主要贡献	结局
IBM 公司	1993 年	原创者	智能手机 Simon（Zaurus 系统）	个人电脑行业	智能手机的发明者	早期退出
摩托罗拉	2000 年	早期跟随者	天拓 A6188（PPSM 系统）	传统手机行业	第一个反跨界者	阶段性成功
爱立信	2000 年	早期跟随者	爱立信 R380sc（塞班系统）	传统手机行业	早期反跨界者	阶段性成功
诺基亚	2002 年	早期跟随者	nokia7650（塞班系统）	传统手机行业	早期反跨界者	阶段性成功
RIM 公司	2004 年	早期跟随者	黑莓 7100（BlackBerry OS 系统）	传统手机行业	早期反跨界者	阶段性成功
三星电子	2005 年	早期跟随者	SGH－D720（塞班系统）	传统手机行业	早期反跨界者	失败
	2009 年	引领者	Galaxyl7500（安卓系统）		安卓机的引领者	成功
苹果公司	2007 年	引领者	iPhone（iOS 系统）	个人电脑行业	开发 iOS 系统等	成功
宏达电（HTC）	2008 年	中期跟随者	HTC G1（安卓系统）	掌上电脑行业	安卓机的原创者	阶段性成功
华为	2010 年	中期跟随者	智能手机 IDEOS（安卓系统）	通信设备行业	5G 等大量技术专利	成功
索尼	2010 年	中期跟随者	Xperia X10（安卓系统）	数码电子产品行业	局部技术创新	艰难维持
联想	2010 年	中期跟随者	联想乐 phone（安卓系统）	个人电脑行业	局部技术创新	艰难维持
小米科技	2011 年	后期跟随者	小米 M1（MIUI 系统）	创业公司	局部技术和营销创新	成功
OPPO	2011 年	后期跟随者	智能手机 X903（安卓系统）	数码随身听行业	手机拍照的技术创新	成功
ViVo	2011 年	后期跟随者	智能手机 ViVo V1（安卓系统）	传统手机行业	音乐手机的技术创新	成功

资料来源：根据表中各公司官方消息整理得到。

（3）其他行业跨界者逆袭期。2010 年 iPhone 4 成为全球最受欢迎的手机之一，2011 年的全球手机销量榜上诺基亚被苹果和三星超越。随后几年，苹果和三星一直排在全球智能手机销量榜的领先位置。2014 年中国手机品牌开始崛起，先是联想和华为，接下来是小米、OPPO 和 ViVo。2018 年全球智能手机市场出货量排名前六位的品牌依次是三星、苹果、华为、小米、OPPO 和 ViVo。2019 年这个排名变成了三星、华为、苹果、小米、OPPO 和 ViVo。

迄今为止，在传统手机巨头中，除了三星，其他都在智能手机行业发展的早中期取得短暂成功后，很快便败下阵来，其中，最令人感慨的是诺基亚和摩托罗拉。从其他行业跨界和新成立进入的企业中，苹果是最成功的，华为、小米、OPPO 和 ViVo 也是成功者，安卓机的原创者宏达电（HTC）取得阶段性成功后败下阵来，联想和索尼目前市场占有率不高还在艰难维持。跨界者成功的最重要因素是有能力持续推出深受用户喜爱、有竞争优势的创新产品。跨界者失败的原因则有所不同，原创者 IBM 公司主要是因为产品太超前；诺基亚是操作系统选择不当错过了机遇期；摩托罗拉、黑莓和爱立信（包括索爱）等主要输在产品性能的竞争力不够；HTC 输在持续创新能力不够导致后续产品在性价比上缺乏竞争力；联想主要输在其传统的经营模式和产品缺乏特色卖点；索尼则主要输在起步晚和产品没有性价比优势。

智能手机的辉煌时代还没结束，行业内高频率的技术创新，不断延长着行业处于蓝海市场的周期，不排除重大技术创新再次打乱行业中市场占有率排序的可能。2019 年是手机黑科技爆发的一年，可折叠手机、5G 手机、三重摄像头手机陆续发布，哪些公司在不久的将来能够携带重磅新产品上市，赢得消费者的喜爱，提升公司在智能手机出货量排行榜上的排名呢？可以拭目以待。

2. 即时通信（Instant Messaging，IM）软件行业跨界者的众生相

即时通信（IM）软件是一个典型的跨界创新产品，它集成了电话、短信、邮件、群聊等传统通信行业诸多产品的功能，是互联网时代的产物，在移动互联时代功能变得更加强大，集成的功能也更多。

PC 端 IM 软件的诞生和发展，以及此后移动端 IM 软件的快速发展，对传统通信行业的冲击是最大的。迄今为止，有代表性的 IM 软件的开发公司中，以创

业公司居多，也有较多从其他互联网服务、智能手机和软件开发等行业跨界进入的公司。无论是创业公司还是其他行业跨界进入的公司，由于他们开发的是跨界创新产品，跨越了传统通信和互联网服务等行业的边界，因此，可被统称为 IM 软件行业的跨界者。从 1996 年即时通信软件的鼻祖 ICQ 诞生，到目前移动端 IM 软件市场形成 Facebook 和腾讯的双寡头格局，IM 软件行业 20 多年的发展可被分为 PC 端时期和移动端时期两大阶段。20 多年的时间，跨界者之间的竞争烽火从未停歇，尤其是用户热度从 PC 端转向移动端的过程中，几大 PC 端顶级 IM 软件先后停止服务，Facebook 跨界进入成为行业新霸主之一，这些大起大落的案例，将跨界竞争的巨大风险展露无遗（见表 2 - 2）。

表 2 - 2　即时通信（IM）软件行业跨界者的贡献与结局

跨界者	跨界时间	跨界身份	跨界产品	原行业	主要贡献	结局
Mirabilis 公司	1996 年	原创者	ICQ	创业公司	即时通信软件的发明者	阶段性成功
美国在线	1997 年	PC 端 IM 引领者	AOL Instant Messenger	互联网服务行业	PC 端 IM 技术领先	2017 年停止服务
腾讯公司	1998 年	PC 端 IM 引领者	OICQ 2000 年改名为 QQ	创业公司	集大成者	成功
雅虎公司	1998 年	早期跟随者	Yahoo! Messenger	互联网门户网站	早期 4 大顶级 IM 软件之一	2018 年停止服务
微软公司	1999 年	早期跟随者	MSN Messenger	软件开发行业	早期 4 大顶级 IM 软件之一	2014 年停止服务
Skype 公司	2003 年	中期跟随者	Skype	创业公司	将 P2P 技术引入到话音通信	成功
WhatsApp 公司	2009 年	移动 IM 原创者	WhatsApp	创业公司	移动 IM 软件的发明者	成功
Instagram 公司	2010 年	移动 IM 跟随者	Instagram	创业公司	移动端照片分享软件原创者	局部成功
Kik Interactive	2010 年	移动 IM 跟随者	Kik	创业公司	极简的手机通信录 IM	成功

续表

跨界者	跨界时间	跨界身份	跨界产品	原行业	主要贡献	结局
小米科技	2010 年	移动 IM 跟随者	米聊	智能手机行业	中国第一个移动 IM 软件	用户少
腾讯公司	2011 年	移动 IM 引领者	微信 WeChat	互联网服务行业	移动 IM 软件的引领者	成功
NHN Japan	2011 年	移动 IM 跟随者	LINE	互联网服务行业	聊天表情贴图等特色创新	成功
Snapchat 公司	2011 年	移动 IM 跟随者	Snapchat	创业公司	"阅后即焚" 照片分享软件	初步成功
苹果公司	2011 年	移动 IM 跟随者	iMessage	智能手机行业	苹果设备之间的 IM 软件	成功
Facebook 公司	2012 年	后期跟随者	Facebook Messenger	社交网络服务行业	照片分享微博跨界进入 IM	成功

资料来源：根据表中各个公司官方消息整理得到。

（1）PC 端时期的竞争状况。开发 PC 端 ICQ 的 Mirabilis 公司，是即时通信软件的发明者，也是该类跨界创新的原创者，早期引起了轰动，1998 年被美国在线收购后高开低走，发展不尽如人意。

作为早期的跟随者，美国在线、腾讯、雅虎和微软分别推出了自己的 IM 软件，都取得了不错的业绩，为 IM 软件行业的发展和技术进步做出了很大贡献。其中，AOL Instant Messenger 在西方国家的市场占有率最高，其技术领先，推进美国在线成为 PC 端即时通信软件行业的引领者；腾讯深耕中国市场，坚持用户至上理念，凭借中国市场 QQ 用户众多和技术领先等优势，成为 PC 端即时通信软件行业的集大成者；雅虎的 Yahoo! Messenger 和微软的 MSN Messenger 用户也很多，是著名的 PC 端 IM 工具。

进入移动互联时代后，PC 端四大顶级即时通信软件中，除了 QQ 成功转型为移动端和 PC 端双栖模式，AOL Instant Messenger、Yahoo! Messenger 和 MSN Messenger 都走向了没落，分别于 2017 年 12 月、2018 年 7 月和 2014 年 10 月停止了服务。美国在线和雅虎在宣布停止服务时曾说过要开发新的移动端 IM 软件；微软则是将原 Messenger 用户迁移到 Skype 中，原用户可以通过 Skype 客户端选择使用微软方式登录 MSN。

（2）移动端时期的竞争状况。WhatsApp 公司是移动端 IM 软件的原创者，其 2009 年 5 月推出的 WhatsApp 第一版并没有引起多大反响，2011 年以后该应用才慢慢火起来，2014 年 10 月被 Facebook 正式收购。WhatsApp 是一款非常受欢迎的跨平台应用程序，用于智能手机之间的通信。

世界排名领先的照片分享网站 Facebook，于 2012 年 3 月 6 日发布了 Windows 版桌面聊天软件 Facebook Messenger，跨界进入即时通信软件行业。随后，Facebook 于 2012 年 9 月收购了 Instagram，2014 年正式收购 WhatsApp，快速变身为全球 IM 软件行业的双寡头之一。

腾讯是行业中可以与 Facebook 并肩媲美的另一大巨头。与 Facebook 后期跟随跨界进入 IM 软件行业不同，腾讯可以说一直是该行业的引领者。PC 端时期的 QQ，移动端时期的微信和 WeChat，都有极高的市场占有率，腾讯从 PC 端向移动端的转型也非常成功，其技术创新和产品性能长期处于领先水平。

此外，该时期也有一些发展不错的其他 IM 软件。例如，在 PC 端时期就很有竞争力的 Skype，2011 年被微软收购后转型为 PC 端和移动端双栖模式，目前用户群较稳定；极简的手机通信录聊天软件 Kik 也得到了较多用户的喜爱，坊间普遍认为米聊和微信开发之初的灵感来自对 Kik 的模仿；流行于日本和泰国市场的 LINE，用户也很多；苹果公司的 iMessenger 也有自己的市场；Instagram 和 Snapchat 都是移动端照片分享软件，前者被 Facebook 收购，后者以"阅后即焚"的创意独辟蹊径，且已经上市，市场情况还有待观察。

3. 第三方支付行业跨界者的众生相

从全球范围看，可以说只有中国和美国明显存在第三方支付行业，很多国家是不存在第三方支付行业的。美国是该行业的发源地，1996 年全球第一家第三方支付公司诞生于美国，随后涌现出 AmazonPayments、PayPal、Yahoo!PayDirect 等一批第三方支付公司，其中 PayPal 被 eBay 收购后成为行业的引领者，逐渐发展为受全球亿万用户追捧的国际贸易在线支付工具。[①] 中国早期的第三方支付公

① 沈玉良. 上海率先构建全球数字贸易平台研究［J］. 科学发展, 2019（07）: 34 – 42.

司大都是 PayPal 的模仿者和跟随者，不过，在中国电商市场和移动网络社交的接力助攻下，以支付宝和微信支付为代表的中国第三方支付行业已走在世界最前沿。近两年，中国的移动支付发展迅猛，跨界创新持续不断，对银行、保险、ATM 机等行业的跨界冲击令人震撼。根据 PayPal 和中国有代表性的第三方支付公司推出跨界产品的情况，可以借此分析并总揽该行业跨界者的竞争状况、贡献大小和成败得失（见表 2 - 3）。

表 2 - 3　第三方支付行业跨界者的贡献与结局

跨界者	跨界时间	跨界身份	跨界产品	原行业	主要贡献	结局
Confinity	1998 年	引领者	PayPal	创业公司	引领创新	成功
银联商务有限公司	2002 年	早期跟随者	POS 机银行卡收单、互联网支付等	创业公司	线下第三方支付霸主	成功
易宝支付	2003 年	早期跟随者	易宝支付	创业公司	中国支付行业的开创者	维持状态
支付宝	2004 年	先行者	支付宝、支付宝钱包、余额宝、花呗、借呗、相互保等	电商行业	开发多个跨界创新产品	成功
腾讯公司	2005 年	早期跟随者	财付通（Tenpay）	IM 软件行业	模仿者的局部创新	成功
快钱公司	2005 年	早期跟随者	快钱	创业公司	模仿者的局部创新	维持状态
拉卡拉集团	2005 年	早期跟随者	便民支付、POS 机收单、征信、跨境支付等	创业公司	线下支付有优势	维持状态
百度公司	2008 年	中期跟随者	百付宝、百度钱包、度小满钱包	搜索引擎行业	模仿者的局部创新	维持状态
易付宝	2011 年	后期跟随者	易付宝	电商行业	苏宁易购的支付平台	维持状态
京东金融	2013 年	后期跟随者	白条、京东支付、产品众筹、小白卡等	电商行业	模仿者的局部创新	维持状态
微信	2013 年	后期跟随者	微信支付	IM 软件行业	社交软件跨界进入	成功

资料来源：根据表中各公司官方消息整理得到。

当前，中国的第三方支付行业已发展到移动支付为主流的阶段，支付宝和财付通（包括微信支付）凭借多维度生活应用场景占据绝对优势，行业呈现双寡头垄断格局，其他第三方支付平台在夹缝中艰难求生。2017 年一季度，中国第三方移动支付市场交易规模达到 18.8 万亿元，支付宝和财付通两家平台占据约 93% 的份额，剩余的 240 多家有牌照的第三方支付公司，合计只占有 7% 的市场份额。[①] 2018 年，中国第三方移动支付市场交易规模达到 190.5 万亿元，同比增长 58.4%，而支付宝和财付通的市场占有率扩大到了 93.5%。《2019—2020 年 Q4 第三方移动支付研究报告》显示，2019 年第四季度，中国第三方移动支付市场交易规模约 59.8 万亿元，支付宝和财付通共占据约 94% 的份额。拉卡拉、易宝支付、京东支付、百度钱包和快钱等第二梯队公司还有一些业务，占据了一定份额，尚能处于维持状态。行业内众多拥有支付牌照但是业务少甚至无业务的公司，似乎只能选择出让牌照，退出行业竞争。

电子商务公司和具有 O2O 模式的互联网公司，成为支付牌照最大的买方。京东于 2012 年 10 月购入网银在线 100% 的股权，达成国内首例支付牌照收购交易；万达于 2014 年收购快钱，旨在进行支付数据和消费金融领域的整合，快钱成为万达金融版图中重要的支付入口；海立美达于 2016 年 1 月以 30 亿元价格收购联动优势，成为迄今为止金额最高的第三方支付公司收购交易[②]；唯品会于 2016 年全资收购浙江贝付，曲线获得支付牌照后，将其改名为唯品会支付。

近两年，我国第三方支付行业在快速发展的同时，也遭遇到越来越多的质疑和反思，正经历着前所未有的强监管考验，断直联、备付金集中存缴等监管新规接连出台，这对于第三方支付公司而言，是一场业绩甚至生存的考验。可见，跨界创新产生的第三方支付行业，竞争比传统行业更加激烈，绝大多数跨界者都沦为优胜者的陪练，行业内的头部企业不仅很少，而且也要时刻面对超强竞争对手和监管新规的重重考验。

近两年，我国第三方支付行业在快速发展的同时，也遭遇到越来越多的质

---

① 吴秋余. 银行砸钱竞争移动支付不如减免费用［J］. 理财（经论版），2017（09）：12 - 13.
② 苗艺伟. 中小第三方支付公司未来在哪？［J］. 小康（中旬刊），2017（20）：82 - 83.

疑，需要进一步反思。蚂蚁集团作为行业中的头部公司，在依托支付宝平台跨界开发新产品的过程中，暴露出了"在支付链路中嵌套信贷业务""不恰当收集和使用客户信息""金融风险隔离措施不健全，关联交易不规范""违规信贷、保险、理财""余额宝等产品流动性风险大"等诸多问题，正经历着前所未有的监管考验。中国人民银行、中国银保监会、中国证监会、国家外汇管理局等金融管理部门于 2020 年 11 月 2 日和 2021 年 4 月 12 日两次联合约谈蚂蚁集团，并于第二次联合约谈后要求蚂蚁集团必须正视金融业务活动中存在的严重问题和整改工作的严肃性，对标监管要求和拟定的整改方案，深入有效整改，确保实现依法经营、守正创新、健康发展；必须坚持服务实体经济和人民群众的本源，积极响应国家发展战略，在符合审慎监管要求的前提下，加大金融科技创新，提升金融科技领域的国际竞争力，在构建"双循环"新发展格局中发挥更大作用。这对于支付宝乃至整个第三方支付行业而言，是一场业绩和生存的考验，更是一场能否做到守正创新的考验。

三、被跨界者的方阵

被跨界行业中的企业，类型各异，可统称它们为被跨界者的方阵。身为主动出击的颠覆者，跨界者方阵中的竞争已然是九死一生，那么，可以想象的是，被跨界者方阵的竞争只会更加惨烈。被跨界者除了互相之间的竞争外，更重要的是，还要集体承受来自跨界者的颠覆性冲击。

（一）被跨界者的应对策略

按照被跨界后的反应不同，可将被跨界者方阵中的企业分为反跨界者、转型发展者和被动防守者。他们在所处行业被跨界者颠覆后，会分别采取不同的应对策略。

1. 反跨界者

反跨界者一般指处于被跨界行业中的，选择向跨界者所在行业反向跨界的企业。反跨界者是不甘被击垮的被跨界者，是选择和跨界者"正面刚"的勇者。虽然反跨界者勇气可嘉，行动也积极，但反跨界毕竟是被动的、后知后觉的反击行动，往往受制于诸多外部条件，因此，较之于跨界，反跨界的成功概率相对较小。许多情境下，选择反跨界很可能就是"找死"，不选择反跨界则是"等死"，"找死"比"等死"往往更惨。尽管如此，被跨界行业中的多数企业，会条件反射般地选择反跨界一搏，而不愿束手就擒。

显然，反跨界者也有不同的情况，既有喜剧也有悲剧，还有介于中间不喜不悲的情况。反跨界的成功者往往是处在具备了反跨界条件的行业格局中，把握住了反跨界的天时地利人和，顺势而为、精准施策取得成功的。失败者或者是处于不具备反跨界条件的行业格局中，错误地选择了反跨界策略，导致了"找死"的悲惨结局；或者是在反跨界的过程中，因为某种决策失误，陷入了不利的竞争地位，被市场残酷淘汰，例如，诺基亚选择塞班系统导致了最终的英雄落幕。介于悲喜之间的反跨界者一般是处于没有优势的反跨界格局中，选择反跨界策略后难以成功，但可以凭借其他优势与跨界者抗衡的企业，例如支付宝反跨界微信所在的网络社交行业。

智能手机行业诞生与成长的早期，实际就是一场跨界与反跨界的竞争。智能手机本质上是能打电话、能拍照、能听音乐的掌上电脑，因此，该行业早期的跨界竞争主要在计算机行业巨头和传统手机行业巨头之间展开。个人电脑行业巨头向手机行业跨界，手机行业巨头向个人电脑行业反跨界，各自开发横跨 PC 行业和手机行业的跨界创新产品——智能手机。

第一回合：1993 年 IBM 公司推出世界上第一部智能手机 Simon，从个人电脑行业向手机行业跨界。随后，传统手机行业巨头纷纷选择反跨界，借助 PC 行业的技术开发智能手机。摩托罗拉 2000 年推出的天拓 A6188，是全球第一部具有触摸屏的 PDA 手机，也是第一部中文手写识别输入的手机①，采用了 PPSM 操作系统和摩托罗拉公司自主研发的龙珠 16MHzCPU，支持 WAP1.1 无线上网。爱立信 R380sc 于 2000 年 12 月上市，它是全球第一款搭载塞班（Symbian）系统内核

---

① 张国杰. 智能手机——理想的移动学习终端 ［J］. 中国现代教育装备，2006（10）：67-68.

的手机①，并内置了 WAP 浏览器，在实现个人信息存储和管理功能的同时还能兼顾网络浏览等操作，可以将其当作记事本、通信录和掌上电脑来使用。诺基亚于 2002 年推出的 Nokia7650，是诺基亚产出的第一部塞班系统智能手机，也是诺基亚第一个内置摄像头的手机②，同时，还是诺基亚首批支持多媒体信息服务的手机，用户可以通过 Nokia7650 拍摄并发送自己的照片，录下各种声音片段及随意增添文字信息。

第二回合：苹果公司于 2007 年向市场推出 iPhone，从个人电脑行业成功跨界进入手机行业，最终成为数字模拟手机时代的终结者和智能手机行业的引领者。三星电子在 2009 年反跨界成功，从数字模拟手机行业进入智能手机行业，一跃成为智能手机出货量第一的佼佼者。至此，智能手机行业形成了苹果与三星并肩的双雄争霸格局，第一回合的跨界者和反跨界者几乎悉数退出了手机行业的舞台。

在智能手机行业诞生和发展的过程中，三星电子是成功的反跨界者，而诺基亚、摩托罗拉和爱立信等传统手机行业巨头都是失败的反跨界者。

2. 转型发展者

转型发展者一般指被跨界后，原来的主营业务受到很大冲击，为避免企业的衰退，尝试在新旧行业更迭的过程中，开发新的产品或服务，改变企业的主营业务和核心业务结构，以转型来应对跨界颠覆的企业。对于被跨界者而言，转型是一种积极的应对策略，也是成功率较高的一种应对策略。但是，转型的过程一般都很痛苦，也面临着较大的风险，一旦转型失控或者失败，局面会很惨烈。

根据转型结局的不同，转型发展者又可以被分为三类：

第一类是转型后前途未卜型。主要指转型后勉强躲过一劫，可以说是死里逃生，但是前景仍然云山雾罩的被跨界者。例如，国内 ATM 行业巨头广电运通在被移动支付跨界冲击后，开始向智能安防、智能金融和智能交通等领域布局转型，目前看暂时帮助企业缓解了被跨界的冲击，然而随着 ATM 机市场进一步萎

---

① 史辉，谢海洋，许云龙. 手机档案 APP 移动信息服务的可行性和必要性分析［J］. 云南档案，2016（09）：53 – 56.

② 刘晓燕. 手机46 岁了 你知道他的成长经历吗［J］. 计算机与网络，2019，45（12）：30.

缩，广电运通的转型产品能否抵补 ATM 业务盈利下滑的损失，还需要观察。

第二类是转型成功型。主要指被跨界者选择转型后，核心业务融入了前景看好的新兴产业的产业链，企业被注入了新的活力，有了新的增长点，重获新生的类型。例如，传统通信行业被微信等移动 IM 软件跨界后，通话和短信业务受到很大冲击，市场萎缩，通信巨头们瞄准了移动互联中新产业链的机遇，利用自身基站和网络设施的优势，开发了流量销售业务，成功转型，渡过了被微信跨界的危机。

第三类则是转型失败型。导致转型失败的原因很多，转型方向不对、转型实力不够、转型的风险控制不当等，都会造成最终转型失败。

3. 被动防守者

被动防守者是指所在行业被跨界者冲击后，仍然固守原来的主营业务，在被跨界行业中处于被动防守的企业。

可以将选择这类策略的被跨界者分为两大阵营：一种是原行业不仅处于很不利的反跨界地位，也找不到转型发展的方向，无论是选择反跨界还是转型都很难成功，所以理智地选择了被动防守策略，无奈地处于"等死"的状态；另一种是有反跨界或者转型成功的机会，但是被跨界者本身能力不足，出现了预判错误或者行动失误，错过了反跨界或者转型的最佳时机，最终陷入了"等死"的状态。前者可算是天意难违，后者则是人祸无药可解。

显然，被动防守者的结局不会太好，最终不是快速落没，就是被迫收缩瘦身。例如数码相机行业的尼康，被具有照相功能的智能手机冲击后，选择了被动防守，市场不断被蚕食，营收大幅下降。再如 ATM 行业的维珍创意，被移动支付跨界颠覆后，选择了被动防守策略，结果市场快速萎缩，经营难以为继。

（二）被跨界者的结局

按照被跨界后的结局不同，可将被跨界者分为被击溃者、成败未定者和成功应对者。被跨界者的所在行业被颠覆后，无论是选择反跨界、转型还是被动防守，都是被动的一方，因此，可以说是被迫反跨界、转型或者防守的，被迫的行动成功概率本来就相对低一些，再加上行业被颠覆的过程中，留给被跨界者防守反击的时间很短，所以成功概率就更低。这也就意味着，在被跨界者中，一般情况下被击溃者要多于成功应对者。

1. 被击溃者

被击溃者主要包含两类情况：第一类是那些处在被跨界的行业，主营业务被跨界者重创而且无力还击，只能选择被动防守，无奈地面对可以预见的失败局面的企业；第二类是被跨界行业中的选择反跨界策略或者转型策略，最终失败的企业。第一类就是俗称的"等死"，第二类属于"找死"。

当然，被击溃者受伤的程度是不同的，所以溃败的速度和姿态差异较大。市场快速被蚕食的，一般会猝死；市场慢慢被蚕食，却又无法或者无力反击的，则是在慢慢地等死；部分市场被蚕食的，企业一般会选择裁员瘦身，例如尼康相机。

2. 成败未定者

成败未定者是指所在行业被跨界后，积极选择反跨界或者转型发展策略，但是还不确定是否转型成功，还需要进一步观察的被跨界企业。

例如，索尼在被智能手机跨界冲击后，选择了反跨界和转型并举的战略，其向智能手机行业的反跨界目前仍处于非常艰难的阶段，直接影响了索尼其他转型业务的绩效，因此，索尼的转型是否成功，还有待观察，是成败未定的类型。

3. 成功应对者

成功应对者就是指在被跨界后，积极选择反跨界或者转型发展策略，并成功在新行业或者新产业链中立足的企业。

例如，三星公司选择反跨界策略，开发生产三星智能手机，迅速成长为智能手机市场出货量连续多年排名第一的企业；中国移动公司选择转型发展策略，开发流量业务，已经成功地在移动互联产业链中立足，新业务的利润可以弥补通话和短信业务市场萎缩产生的损失。

（三）被跨界者的劣势竞争地位

毫无疑问，在跨界者和被跨界者的跨界竞争格局中，被跨界者处于劣势竞争地位。更加令人悲悯的是，这种劣势地位是时代发展的产物，客观上看是无法改变和逆转的。

1. 被跨界者处于劣势竞争地位的根源

跨界者是跨界创新的发起者，是发起跨界竞争的主动方，是拥有开发跨界产品的技术优势方，因此，在跨界竞争格局中占据明显的竞争优势。

被跨界者之所以会成为被跨界者，一是不具备主动跨界的技术优势；二是所在原行业是容易被跨界创新产品重创的行业。因此，在跨界竞争格局中仿佛命中注定般处于劣势竞争地位。

智能手机的原创者IBM和引领者苹果公司为什么都来自个人电脑行业，就是因为个人电脑行业的企业是开发智能手机的技术优势方，而传统手机行业的巨头们并不具备开发智能手机操作系统等核心部件的技术优势。

智能手机的诞生为什么对传统手机行业的打击是毁灭性的？对数码相机行业的颠覆是异常残酷的？而对个人电脑行业的冲击则是相对温和的？因为智能手机是个人电脑行业的巨头跨界开发的，该产品开发之初就锁定了跨界行业——传统手机行业和数码相机行业，因此智能手机可以完全替代并覆盖传统手机，可以替代数码相机中的卡片机，但不能替代个人电脑的大部分功能。可见，跨界者开发的跨界创新产品走向市场之日，既是跨界竞争格局形成之日，也是被跨界者沦为劣势竞争地位之日。

2. 劣势竞争地位的主要评价指标

被跨界者处于劣势竞争地位不能仅凭直观感觉来评判，需要有令人信服的评价指标来测量，例如行业中的头部企业存活率、行业市场萎缩程度等指标。当某一特定的跨界创新发生后，可以分别计算跨界者所在原行业、被跨界行业和新行业中的头部企业存活率、行业市场萎缩程度等指标，头部企业存活率最低、行业市场萎缩程度最高的行业，可以判定其处于最劣势的竞争地位。

从智能手机行业快速崛起的2009年开始，到2011年为止，仅仅用了两年的时间，传统手机市场的头部企业纷纷倒下，头部企业存活率很低，行业市场萎缩严重；与此同时，个人电脑市场巨头虽然也受到重创，但头部企业全部存活，行业萎缩程度较低。形成鲜明对比的是，智能手机行业的市场规模快速增长，市场份额快速向头部企业集中，头部企业队伍逐渐稳定。因此，用这两个指标评价，可以测评出传统手机市场巨头在智能手机的跨界竞争格局中，处于明显的劣势竞争地位。

3. 被跨界者劣势竞争地位的客观性

被跨界者的劣势竞争地位，是社会发展和技术进步造就的时代悲剧，是客观存在的规律，不是被跨界行业的巨头们主观努力就能够改变的。当技术进步将机会留给了跨界者，被跨界者就成了被时代血虐的对象和标的。

因此，被跨界行业中的企业，如果选择反跨界策略，在与跨界者的正面竞争中，由于客观上处于劣势竞争地位，故而失败的概率会很大。

反观为数不多的反跨界成功的案例，认真分析就会发现，成功的反跨界者一般都会借助跨界者所在原行业的技术优势，弥补自身不具备主动跨界的技术优势这一致命短板，再辅助以恰当的品牌和市场策略，涅槃重生，成为新行业的翘楚。

四、留守者的方阵

留守者主要指跨界者所在原行业的留守企业，原行业的所有留守企业共同组成了留守者方阵。这些企业在跨界者跨界创新缔造了新行业后，或者选择继续留在原行业发展，或者虽然开发了一些新业务，甚至选择了跟随跨界，但是绝大部分主营业务仍然属于原行业。譬如，苹果公司跨界到智能手机行业后，那些仍然留在个人电脑行业的企业就是留守者。

（一）留守者的命运

留守者方阵是容易被忽视的一个阵营，不引人注目，但本质上竟然和被跨界者方阵相似，也是遭受跨界创新重创的一个阵营。也就是说，跨界者研发并向市场推出的跨界创新产品，不仅冲击了被跨界行业的企业，也冲击了跨界者所在原行业的企业。

跨界创新产品最基本的特点就是集成了两个以上原行业产品的功能，这里的原行业就是指跨界者所在的原行业和被跨界者所在的原行业，所以，被跨界者方阵和留守者方阵是非常相似的被冲击对象，只是前者更加引人注目而已。

正因如此，留守者方阵在被跨界冲击后，不仅和被跨界者方阵的命运颇为相似，而且应对策略也神似。总体而言，留守者方阵是跨界创新的受损方，留守者所在行业的整个市场会萎缩，红海市场将变得更红，留守者的经营会更加困难。

留守者为了解困自救，尽快在跨界创新后的行业格局中找到立足之地，必须审时度势地选择有效对策，否则就会陷入恶性循环。现实中的留守者，有选择转型发展的；有选择跟随跨界的；有被动收缩的；还有最终被收购甚至破产的。

（二）经典案例之 PC 行业留守者分析

当苹果公司从个人电脑行业跨界创新，引领智能手机这一新行业快速发展之际，大家是否关注到个人电脑行业也因此受到重创？智能手机这个典型的跨界创新产品，本质上是一个能打电话的掌上电脑，因此，它不仅冲击了传统手机等行业，也冲击了个人电脑行业。PC 行业内的留守者，被冲击后的命运各异。

1. 全球 PC 行业的颓势和结构变化

智能手机崛起之前，只有电脑能够满足人们网络工作和娱乐的需要，电脑是互联网的中心。智能手机崛起之后，快速替代电脑成为互联网的中心。业内人士普遍认为，由于智能手机替代了电脑的部分功能，全球个人电脑行业已沦落为夕阳行业。据统计机构 Canalys 于 2020 年 1 月发布的报告，截至 2018 年全球电脑的出货量已经连续 7 年下跌，2019 年全球电脑出货量结束连续 7 年的下跌颓势，出现了 2.7% 的增长。全球个人电脑出货量连续下滑的 2011～2018 年，正是智能手机快速发展的 7 年，这也充分说明电脑行业遭受智能手机的冲击，行业持续衰退已成为不争的事实。不过，迄今为止，智能手机仍然只能替代电脑的部分功能，因此，电脑行业仍然有庞大的消费市场（见图 2－1）。

笔记本电脑和台式电脑在受到冲击后的表现并不相同，台式电脑的命运很糟糕，相比之下，笔记本电脑因携带方便且功能强大，市场需求依然旺盛，这也是2019 年全球电脑出货量止跌反弹的主要原因（见图 2－2）。

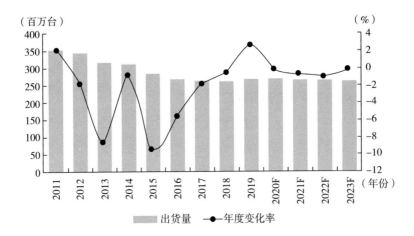

图2-1　全球电脑（台式机、笔记本和一体机）出货量的统计与预测

资料来源：统计机构 Canalys 于 2020 年 1 月发布的 PC 分析报告。

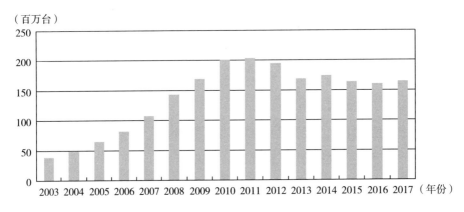

图2-2　全球笔记本电脑出货量

资料来源：中商产业研究院，https://www.chnci.com。

业内一度热衷的平板电脑并未压缩笔记本电脑的生存空间，相反，经过几年的市场证明，平板电脑因使用效率低，销量连续暴跌，已经沦为业内另一个夕阳市场。智能手机在很多方面和平板电脑相似，无法替代笔记本电脑的诸多专业功能。近年来，得益于微电子产业的高速发展，智能手机的运算性能呈几何级增长，因此有不少手机厂商尝试用智能手机取代电脑的某些应用场景，可惜都不太成功。据一些大学高年级的学生的反应，传统笔记本电脑在完成毕业设计等任务时依然是最佳选项。即使是轻办公场景，智能手机也比不上电脑，数据统计等工作更是离不开电脑，电脑已经变成必需品，依然是当今互联网时代的第一生产力工具。

2. PC 行业留守者的市场份额

科技市场研究公司 TrendForce 公布了 2017 年笔记本电脑的市场报告，全球笔记本电脑的市场表现远远好于整体 PC 行业。报告显示 2017 年全球笔记本电脑市场小幅增长，从 1.61 亿台增加到 2017 年的 1.65 亿台。根据 IDC 数据显示，2018 年全球笔记本电脑出货量小幅缩减到 1.641 亿台。

惠普、联想和戴尔位居 2017 年笔记本电脑市场的前三名，三家公司合计占据了近六成的市场份额。其中，惠普以 24.3% 的份额高居榜首，联想以 20.2% 的份额排名第二，戴尔第三。苹果的市场份额从 8.3% 上升到 9.6% 成为第四名，华硕的份额则从 10.3% 下降到 9.5% 名列第五，宏碁位列第六。六大电脑厂商中，只有惠普和苹果两个品牌的市场份额在增长。苹果 2018 年进一步拉开了和华硕、宏碁之间的差距，市场份额增长到 10.4%。

笔记本电脑市场呈现集中化趋势。六大厂商之外的其他品牌，2017 年的市场份额继续缩减大约一个百分点，只剩下 13%。截至 2018 年第二季度，六大厂商的市场占有率继续上升至 87.7%，集中度进一步提高。值得一提的是，微软和谷歌两家公司也进入了电脑硬件市场，主力产品是具有较多创新设计的笔记本电脑，虽然售价过高、市场份额有限，但是为笔记本电脑市场注入了新活力。

3. PC 行业留守者的对策和结局

根据以上对个人电脑行业现状的分析，不难发现，由于受到苹果公司跨界创新的影响，个人电脑市场已经连续多年下滑，PC 行业呈现出夕阳产业的特征。台式电脑市场大幅萎缩，笔记本电脑因较多专业功能难以被替代，市场较强劲，因此，绝大部分留守者选择重点发展笔记本电脑业务。然而，众多留守企业聚集在笔记本电脑市场中，竞争异常激烈，市场集中度越来越高，绝大部分留守者经营困难、业绩下滑。

在这样的局面下，选择"转型或者反跨界"便成为电脑厂商应对市场颓势的主流策略，行业内达成了"去 PC"的共识，旨在减少企业对 PC 业务的依赖。

头部厂商中，部分厂商选择转型，重点发展更有市场前景的其他业务，也有部分厂商选择跟随跨界，进入智能手机市场。中小厂商中，有选择转型和反跨界的，还有较多找不到转型方向，处于被动挨打状态的。总之，留守者无论选择怎样的对策，接下来的路都非常难走。

惠普的情况相对较好，笔记本电脑份额还在增长，2018 年营收和利润实现了逆势上涨。惠普是有远见的，企业高层明白在不断萎缩的市场谋求公司发展和利润增长，将会非常艰难，转型是必然选择。因此，惠普在 2015 年 11 月正式分拆成两家上市公司：惠普企业公司和惠普公司。惠普将个人电脑、打印机业务与企业硬件业务分离，让更有前景的企业硬件业务"单飞"。然而，转型并非易事，惠普分拆前后曾大幅裁员，分拆后的两年企业营收和业绩下滑，直到深耕市场推出优质新产品之后的 2018 年，才又实现了营收和利润的双增长。

联想收购了 IBM 的 PC 业务后，原本在个人电脑行业风生水起，却不料遭遇到智能手机行业对 PC 行业的跨界冲击，整个 PC 市场萎缩，经营遇到前所未有的挑战。联想的应对战略：一方面，重点开发笔记本电脑新机型，提升个人电脑产品的市场竞争力，保持 PC 市场占有率的领先地位；另一方面；选择跟随跨界策略，加入了研发生产智能手机的行列。遗憾的是，联想在收购摩托罗拉手机部门后，智能手机业务反而大幅滑坡，在中国手机市场更是陷入了边缘化。不过，联想 2018 年的表现很亮眼，PC 及 AI 智能、数据和智能手机三大业务均实现增长，手机业务自收购摩托罗拉后连亏五年，直至 2018 年也开始盈利。联想 2018 年收入 971 亿元，持续 6 个季度业绩增长，税前盈利 24.2 亿元，其中，PC 业务收入达到 742 亿元，联想电脑以 22.5% 的市场份额超越惠普成为全球第一。2019 年，联想控股收入同比增长 8%，份额达到 24.2% 仍居全球第一，个人计算机和智能设备集团业务实现了创纪录的除税前溢利率，继续引领行业最佳水平。

戴尔的转型之路更加犀利，也更加艰难。在 PC 行业的下行期，戴尔试图缩减利润较低的 PC 业务，向系统集成、服务器、软件、云和数据中心业务转变。[①]

---

① 界面新闻. 戴尔重新上市后首次公布业绩：营收增 9%，亏损收窄 25% ［EB/OL］. （2018－12－28）［2020－12－30］. http：//www. yidianzixun. com/article/0LPnve6r.

为实现这一宏大的转型战略，戴尔于 2013 年斥资 240 亿美元进行私有化退市，随后又于 2015 年以 670 亿美元吞并 EMC，创下史上最大的科技公司收购纪录，终于从 PC 制造商转型为综合型 IT 服务商。转型的过程中，戴尔持续多年亏损，负债累累，充分展示了大公司在行业下行期转型的艰难。2018 年 12 月 28 日，戴尔通过回购 VMware 的股票重新挂牌上市，戴尔股票开盘报 46 美元，市值为 340 亿美元。据市场研究公司 Gartner 的最新统计，转型后的戴尔 2018 年约占据全球 PC 市场份额的 16%，2019 年增长到 17.4%，仍是全球第三大 PC 公司。

在全球个人电脑市场连续多年萎缩的背景下，华硕和宏碁是全球六大电脑巨头中销量和市场份额下跌最严重的。面对电脑市场的下滑，华硕曾希望通过智能手机业务来弥补，但是华硕进入智能手机行业太晚，错过了 2013 年中国安卓手机爆发式增长的黄金时期，和中国大陆智能手机品牌相比，华硕的手机竞争力不足，无法实现预定销售目标。为避开中国大陆市场的激烈竞争，华硕选择了重点开发印度的智能手机市场，然而让华硕措手不及的是，其他国内手机厂商也在印度大举扩张市场，中国内地厂商已经获得了印度市场一半的份额，而华硕至今未进入印度手机市场前五名。

宏碁近年来将业务拓展至个人电脑市场外的电竞业务，似乎已从 PC 销售下滑的颓势中走了出来。2018 年宏碁电竞事业营收大幅成长，虽然下半年整体营运受到了全球个人电脑市场的处理器供货短缺的影响，不过公司全年的营收和盈利实现了双增长，营收 2422.7 亿新台币，年增长 2.1%，税后净利润 30.6 亿新台币，年增长率 8.7%，每股税后纯收益 1.01 元，创 8 年新高。宏碁公司对研发的重视程度持续加强，2018 年以 476 项专利拿下台湾企业专利申请前三名，比 2017 年专利数量增长了 25%，其中不乏创新及突破性的技术，如应用于电竞笔的 AeroBlade 3D 金属风扇，以及应用于电竞桌的 IceTunnel 冷却系统，都是公司领先的散热技术，能让机身在高效运转的同时也不会产生过热的问题。

过去十多年，苹果的业务重心一直在智能手机上，手机业务为苹果公司贡献了七成的营业收入。因此，苹果升级笔记本电脑的兴趣下降，但是苹果的品牌影响力，无疑成为苹果在笔记本电脑市场的一个重要筹码。

（三）留守者的竞争地位

留守者阵营虽然也会遭到跨界创新的冲击，但是与被跨界行业受到的毁灭性冲击相比，留守者阵营遭受的冲击要温和很多。一般情况下，留守者的市场仍将长期存在，只是会慢慢萎缩，在这种演变方式下，留守者有足够的空间和时间去应对市场变迁。

因此，在跨界者、被跨界者和留守者三大阵营的跨界竞争格局中，留守者的竞争地位弱于跨界者，强于被跨界者，介于跨界者与被跨界者之间。当然，这里说的留守者的竞争地位，指的是留守者阵营的整体竞争地位，而不是阵营中某个特定个体的竞争地位。同理，跨界者和被跨界者的竞争地位，也是指相应阵营的整体竞争地位。

五、新旧行业的演化

当跨界者打破行业界限，开发出横跨行业的跨界创新产品之际，新旧行业的演化就开始了。理论上分析，如果跨界创新产品能够完全替代跨界者和被跨界者所在原行业的老产品的所有功能，则无论跨界者还是被跨界者所在的原行业都会消失，从而融合为一个全新的行业。当然，如果跨界创新产品不能完全替代老产品的功能，则情况会复杂一些，具体表现为新行业发展壮大不断挤压旧行业的市场，旧行业或缩小规模走专业化路线，或转型，等等，最终出现新老行业共存的格局。完全融合的情况是理想化的，现实中的跨界案例一般都比较复杂，跨界创新后的行业演化也往往呈现复杂的局面，新老行业并存的结局是常态。

（一）跨界者所在原行业的演化

分析跨界者所在原行业的演化规律，既需要考虑演化的路径和结果，也需要分析演化所需要的时间长短。

1. 跨界者原行业的演化结果

原行业演化的结果主要有两类情况:一类是原行业消失,完全融合到新行业中;另一类则是原行业的业务遭受冲击,市场被挤压,但专业化的业务仍然有不能替代的市场需求,因此原行业缩小规模后仍然可以存续。

基于跨界者原行业的特点,虽然上述两种结果理论上都有出现的可能,但是后一类情况也就是原行业继续存续的概率要大很多。要理解这个结论,需要分析梳理跨界者所在原行业的特点,以及跨界者在原行业选择跨界创新的原因。

跨界者所在原行业的共同特点:首先,原行业一般是一个成熟而且技术研发能力很强的大行业,该行业中的强者具有跨界创新的技术优势;其次,原行业已经是寡头垄断的市场结构,头部企业很强大,其他企业要提高市场份额非常困难;最后,原行业的市场已经是红海市场,总体市场规模已经没有提升的空间,行业内企业竞争很激烈,对于中小成长型企业和新进入者而言很不友好。

因为上述行业特点,所以跨界者尽管实力强大,但在原行业已经很难通过继续拓展市场,实现企业营收和利润的增长。为突破原行业的增长极限,摆脱原行业红海市场的禁锢,谋求新的蓝海市场,跨界者自然会利用自身的技术研发优势开发具有市场前景的跨界创新产品,打开新的增长空间。

跨界者主动出击,选择开发的跨界产品往往是颠覆其他行业的产品,而不是对所在原行业的主打产品威胁很大的产品。换言之,跨界者主动跨界创新的目的是为了开拓新市场,因此一般不会开发严重威胁自己原有主流产品市场的跨界产品,而是会选择在固守自己原有阵地基础上的攻城略地策略,开发对被跨界行业威胁极大的跨界产品。也正因如此,相较于被跨界行业所受到的巨大颠覆式冲击,跨界创新对跨界者所在原行业要友好很多,原行业继续存续的概率要远远大于行业彻底消失的概率。

2. 跨界者原行业演化的路径与时间

行业演化结果的不同,决定了演化路径和时间的差异。在原行业消失也就是新旧行业完全融合的演化结果下,演化路径简单,演化速度很快;而在新旧行业共存的演化结果下,演化路径复杂,演化速度一般较慢。

在原行业消失的演化框架下,相较于跨界创新产品而言,原行业产品完全没有竞争力，市场雪崩，原行业迅速消失，跨界创新产品所在的新行业强势崛起，新旧行业很快实现完全融合。

在新旧行业共存的演化框架下，新旧行业之间的动态博弈比较复杂，演化到稳定状态需要的时间一般较长。一方面，原行业产品仍然具有跨界创新产品不可替代的专业性，市场规模仍然较大，原行业仍然会存续；另一方面，原行业的市场持续不断地受到跨界创新产品的冲击，随着跨界产品的升级换代，冲击力还会不断变大。因此，在新行业发展壮大的过程中，原行业的市场会慢慢变小，原行业中的企业会重新洗牌，行业会重新调整以适应市场的变化，并慢慢调整到一个新的均衡状态。

3. 案例分析

还是以智能手机行业为例，希望能借助案例分析更形象地剖析跨界者所在原行业的演化规律。苹果公司原来所在的是个人电脑行业，跨界创新推出智能手机iPhone以后，引领智能手机行业进入快速发展的辉煌期。那么，在智能手机行业快速发展的同时，个人电脑行业又是怎样演化的呢？

显然，智能手机和个人电脑的很多功能是重合的，智能手机无疑冲击了个人电脑行业的市场。不过，值得庆幸的是，个人电脑仍然有较多功能是智能手机甚至平板电脑不能替代的，因此，个人电脑仍然有自己的市场，只是市场在萎缩，部分原有市场被智能手机和平板电脑蚕食。

这样看来，在较长时期内，个人电脑行业的演化结果应该只是行业缩小规模、专注于专业化领域继续存续。在行业演化的过程中，那些没有成功跨界到智能手机行业的原行业巨头，会因为市场萎缩而必须谋求转型发展或者瘦身。

长期来看，不排除智能手机和平板电脑行业继续升级换代，开发出更智能、功能更强大的跨界产品，逐渐替代个人电脑的所有功能，行业实现完全融合的可能。例如，目前已经开发出的微软 Surface Pro 和苹果 iPad Pro，就集成了平板电脑和笔记本电脑的功能，沿着这个跨界创新的思路，随着柔性屏幕技术的应用和成熟，将来如果开发出柔性屏幕且集成智能手机和个人电脑功能的一体机，那么两个行业将会完全融合。

（二）被跨界行业的演化

被跨界行业指的是被跨界者所在的行业。和跨界者所在的原行业相比，被跨界行业在跨界竞争格局中处于竞争劣势地位，这决定了两者虽然都被跨界创新冲击，但两者的演化结果、路径和时间，既有诸多相似之处，也有明显的差异。

1. 被跨界行业的演化结果

被跨界行业一般也会有两种演化结果，一种是行业完全消失，另一种是行业萎缩但继续存续。如果被跨界行业的产品功能完全被跨界创新产品替代，则行业会完全消失；如果部分被替代，则行业会萎缩。

被跨界行业是一定会受到剧烈冲击的，所以行业完全消失的概率高，这一点与跨界者所在原行业是有较大差异的。跨界产品对被跨界行业的原产品的替代性很强，直接指向的被跨界行业的原产品功能会被完全覆盖，间接指向的被跨界行业的原产品功能也会被部分替代。直接指向的被跨界行业会很快崩塌，间接指向的被跨界行业会萎缩。因为跨界产品必然有直接指向的被跨界行业，所以，总体上看被跨界行业完全消失的概率高。

2. 被跨界行业演化的路径与时间

跨界创新产品直接指向的被跨界行业，由于该行业原产品的功能已被跨界创新产品完全覆盖，跨界产品一旦性能稳定，被市场认可，原产品将丧失市场竞争力，因此，这种情况下，被跨界行业演化速度较快，行业会较快消失。

跨界创新产品间接指向的被跨界行业，原产品的功能只是部分被替代，被跨界行业虽然市场会萎缩，但还能保持一定规模的专业市场，因此演化速度较慢，行业内的企业会选择瘦身、转型等策略，行业会慢慢调整以适应整体萎缩的市场。

3. 案例分析

作为一款经典的跨界创新产品，智能手机直接指向的被跨界行业是传统手机行业，间接指向的被跨界行业包括数码相机行业、MP3行业等。

被智能手机跨界冲击的传统手机行业，就是典型的产品功能被跨界创新的智能手机完全替代的案例。行业巨头诺基亚开发的智能手机失去了市场占有率，宣告了其反跨界的失败，整个数字模拟手机行业在较短的时间内完全消失，行业巨头几乎全军覆没，唯一值得庆幸的是，当时行业中并不引人注目、专注于高端市场的三星电子反跨界成功，成长为智能手机行业的翘楚。

与之匹配的另一个案例是，被智能手机跨界冲击的数码相机行业。显然，智能手机的照相功能对数码相机的冲击是较大的，不过这个冲击是缓慢的。冲击的速度慢，一方面，因为智能手机的照相功能需要较长时间才能通过技术研发达到较高水准，才能对数码相机构成较大威胁；另一方面，因为数码相机的专业性是智能手机无法比拟的，所以到目前为止，数码相机的功能也没有完全被智能手机替代。然而，尽管冲击的速度慢，但是智能手机对数码相机市场的蚕食也是很致命的。数码相机行业近年来萎缩严重，行业巨头尼康在艰难中求生，力图通过裁员瘦身，在更专业化的领域运营，保住中高端专业相机市场。

（三）新行业的演化

跨界创新后产生的新行业是怎样演化的？这个问题同样值得思考。由于跨界创新产品相对于原行业的产品而言极具竞争力，因此，毫无疑问的是，在演化的过程中，新行业相对于原行业而言具有压倒性的优势。那么，在普遍具有压倒性优势的前提下，新行业演化的方式又有哪些不同的类型呢？

1. 新行业的演化结果

按照行业融合的程度不同，可以将新行业的演化分为以下几种情况：

一是跨界创新产品完全占领跨界者和被跨界者原行业的所有市场，原行业全部消失，新行业一枝独秀。

二是在跨界者和被跨界者的原行业中，有些行业因为市场被跨界创新产品完全占领导致行业消失，有些行业产品功能只是被跨界创新产品部分替代因此行业逐渐萎缩后存续，在新旧行业共生的格局中，新行业独占鳌头。

三是跨界者和被跨界者的原行业都有部分市场可以保留，原行业收缩规模后全部与新行业共存，在这样的行业共生格局中，新行业强势崛起，攻城略地，版图不断扩大。

2. 企业跨界进入新行业的方式

除了新旧行业的最终演化结果外，在新行业演化的过程中，以不同方式加入新行业的企业也非常值得探讨，这些企业决定了新行业的市场结构和竞争力。

加入新行业的企业一般有跨界创新的原创者、引领者、跟随者、反跨界者和初创者。原创者和引领者一般是新行业的缔造者，后者还是新行业的龙头；跟随者则是发现了新行业的发展前景，及时从相关行业跨界进入新行业的企业，它们是跨界创新的模仿者，也是新行业中引领者的重要竞争对手；反跨界者是被跨界行业中的企业，选择反跨界策略进入新行业中，如果反跨界成功，也将成为新行业中的一员；初创者则是指创始人看好新行业的发展前景，发起成立的新企业，通过研发生产跨界创新产品进入新行业。

这些企业先后以不同的身份和方式进入新行业，推动了新行业的发展，也决定了新行业的演化速度和演化结果。

3. 案例分析

智能手机行业演化至今，行业五大智能手机品牌的制造商中，苹果公司是跨界创新的引领者，华为和步步高等智能手机制造商是跨界创新的跟随者，小米是初创者，三星是反跨界者。

三星是数字模拟手机行业的幸存者，反跨界进入智能手机行业，并成为出货量多年排名第一的厂商。数字模拟手机行业的巨头诺基亚、摩托罗拉、爱立信等，都未取得反跨界的成功，最终无法在新行业排行榜的前排占据一席之地。智能手机跨界创新的原创者 IBM 公司，也没能坚持到智能手机行业崛起之时，而是消失在行业萌芽的早期（见表 2-4）。

表 2-4　全球智能手机 2020 年第一季度出货量排行榜

排名	品牌	出货量（万部）
1	三星	5533.3
2	华为	4249.9
3	苹果	4092.0
4	小米	2781.7
5	OPPO	2394.9

资料来源：中商产业研究院，https：//www.chnci.com。

六、产业链的演化

跨界创新就像拉开了一场洗牌大戏的幕布，随后，新旧行业演化、产业链演化等颠覆式洗牌大戏接连上演。因为行业演化既是产业链演化的导火索，也是产业链演化的根本原因，所以，产业链的演化是先从跨界创新直接波及的行业开始，然后迅速向该行业的上下游行业传导。具体表现为产业链的演化比行业的演化滞后一点，演化时间周期更长一点。

（一）跨界者原行业产业链的演化

跨界者所在原行业被跨界创新冲击后，行业受到的影响会快速传导到整个产业链中，行业上游的供应商、下游的品牌服务商和销售商，都会被连带冲击，整个产业链也将随着行业的演化而演化。

1. 跨界者原行业产业链的演化结果

因为产业链演化的源头是跨界者所在原行业，所以原行业演化的结果将直接决定整个产业链的演化结果。跨界者原行业有两种演化结果，与之对应，跨界者原行业的产业链也有两种演化结果。跨界者原行业如果消失，整个产业链也会随之消失；跨界者原行业如果收缩，整个产业链也必然随之收缩。

跨界者原行业消失的概率低，行业萎缩的概率高。相应地，跨界者原行业的产业链消失的概率也低，产业链内所有行业萎缩的概率高。

2. 跨界者原行业产业链的演化路径和时间

跨界者原行业受到跨界创新产品的冲击后，无论市场是快速崩塌还是慢慢萎缩，上游供应商的市场需求都会随之相应变化，下游品牌服务商和销售商的业务也会随之变化。

整个产业链的演化，从跨界者原行业消失或者萎缩开始，快速向整个产业链传导，整个产业链随之消失或者萎缩。

与单个行业对比，产业链是个更复杂的系统，所以反应的过程和时间周期会相对长一些。

3. 案例分析

个人电脑行业被智能手机行业冲击后，台式机市场大幅萎缩，笔记本电脑市场小幅萎缩，对供应商零部件的需求总量下降，台式机零部件需求下降得更加剧烈。生产台式机零部件的上游行业市场也随之大幅萎缩，企业被迫转型或者瘦身，甚至出现破产清算。个人电脑行业市场规模的萎缩，也会向下游传导，品牌服务商的合同数量和金额会减少，销售商的出货量、销售额和利润也会减少。

整个产业链的演化，从个人电脑行业开始，向上游供应商和下游销售商传导，整个产业链呈现整体慢慢萎缩的态势，产业链的主导产品也从台式机演变为笔记本电脑。

（二）被跨界行业产业链的演化

被跨界行业产业链的演化，也是从被跨界行业的演化开始，向产业链的上下游行业传导，整个产业链随着被跨界行业的演化而演化。

1. 被跨界行业产业链的演化结果

被跨界行业的产业链同样有两种演化结果：一种是被跨界行业的整个产业链随着行业的消失而消失，另一种是产业链随着行业的收缩而收缩。

被跨界行业是受跨界创新冲击最大的行业，行业完全消失的概率高，与之对应，被跨界行业所在的产业链完全消失的概率也高。无论是被跨界行业，还是被跨界行业所在的产业链，在跨界创新带来的系统演变中，都是最惨烈悲情的。

2. 被跨界行业产业链的演化路径和时间

跨界创新直接颠覆的是被跨界行业及其所在的产业链，被跨界行业是所在产业链的震中，冲击波从震中开始迅速波及上下游行业。因此，整个产业链的演化也是从被跨界行业的演化开始，然后涉及上下游的行业也随之开始演化。

由于被跨界行业受到的冲击大，行业消失的概率高，因此，所在产业链崩塌的概率也挺高。在这种情境下，无论是行业还是产业链，演化的时间周期都不长，给人一种行业和产业链在短期内快速塌方的感觉。

如果被跨界行业受冲击后只是逐渐萎缩，则产业链的演化时间会比被跨界行业的演化时间明显长一些。

3. 案例分析

随着智能手机产品性能的完善和无线网络技术的成熟，传统手机市场随之出现塌方式萎缩。从 2011 年开始，传统手机行业加速萎缩到接近消失的状态，整个产业链也随之迅速萎缩，仿佛如时代长河中凋谢的花。

与此同时，在被智能手机的照相功能冲击的数码相机行业中，卡片机的市场快速崩塌，专业相机的市场却萎缩不明显，行业整体呈现市场明显萎缩的状态。数码相机行业的上游供货商和下游销售商，也随之逐渐萎缩。整个产业链涉及的行业更多，反射弧更长，所以演化时间相对长一些。

（三）新行业产业链的演化

在旧行业消失和没落的同时，跨界创新产生的新行业强势崛起，新行业的产业链也随之兴盛。无论是新行业还是产业链的上下游行业，都会成为经济、社会和科技发展的风口，处处闪烁着生机勃勃的光芒。

1. 新行业产业链的演化结果

跨界创新产生的新行业快速发展，必将带动产业链的上下游行业，因此，新行业产业链的演化结果就是共同发展壮大，这个过程一直延续到新行业的蓝海市场变为红海市场为止。

这样的演化结果也意味着，对企业而言，无论是跨界进入新行业，还是抓住机遇进入新行业的上下游行业，都是一个给企业带来崭新发展希望的抉择。进入新行业的产业链，可能也会面临激烈的竞争与挑战，但是相比留在被跨界行业和留守者行业的产业链中，成功的机会和希望还是要大很多。

世界不断变化，能够立于不败之地的企业往往是能够审时度势、顺势而为者。在新旧交替的过程中，那些处于旧产业链中的企业，如果不抓住新产业崛起的时机，尽快转型到新产业链中，那么经营无疑会越发艰难。

2. 新行业产业链的演化路径和时间

新行业产业链演化的路径可以说是呈现螺旋式上升的态势。跨界创新产品的性能是产业链演化的动力源，每一次产品性能的质变或者说是产品的升级换代，都会推动整个产业链的新一轮螺旋式上升。跨界创新产品的特点之一就是产品性能提升的空间大，换言之，就是产品可以实现多次升级换代。每隔一段时间进行一次升级换代，整个行业和产业链就会呈现出螺旋式上升的态势。

这种升级换代的模式，显然可以不断延长行业和产业链的成长期，行业处于蓝海市场的周期变长。因此，新行业产业链演化的时间也很长，会长期维持螺旋式上升的演化状态，直到红海市场形成。

3. 案例分析

智能手机行业的快速发展，为上游供应商所在的行业带来了很多机会。智能手机的产业链全景图显示，芯片、显示屏、电池、PCB线路板、摄像头、外壳等行业都是智能手机的上游行业（见图2-3）。

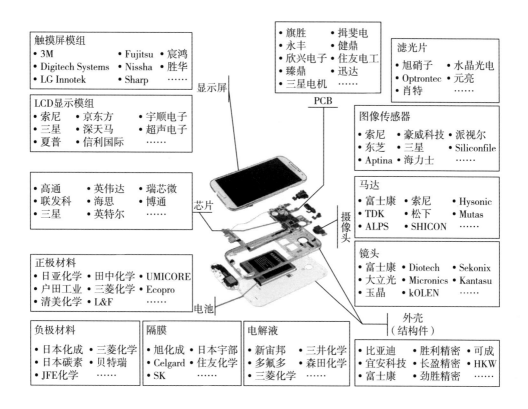

图2-3　智能手机的产业链全景

资料来源：https://xincailiao.com，2019年100大产业链全景。

　　企业准确研判分析，根据自身的竞争优势，选择某个适合自己的智能手机上游行业，在恰当的时机进入，也能分享新行业产业链发展的红利。在全景图中，每个上游行业都有很多优秀的企业，例如，芯片行业的高通、英特尔、联发科；显示屏行业的 3M、LG、超声电子、欧菲光；摄像头行业的索尼、东芝、富士康、比亚迪等。

　　综上所述，跨界创新的格局，指的是跨界创新波及的范围和引发的系统演化。跨界创新是一场声势浩大的系统变迁，跨界者、被跨界者和留守者的跨界竞争，及其所在行业和产业链的演化规律，无不展现出与传统行业内竞争迥异的宏观、中观和微观特征。

第三章　跨界创新的"双刃剑"

对于人类文明进程而言，许多事物都是一把"双刃剑"，跨界创新也不例外，不仅是把"双刃剑"，而且是把非常锋利的"双刃剑"，其正面作用巨大，反面的杀伤力也非常之大。跨界创新的成功，意味着原有行业界限被打破，旧的规则和秩序被颠覆，因循守旧的企业巨头被击垮，因此，跨界创新在以令人惊奇的速度推动人类文明进步的同时，也剧烈地、高频率地冲击着一直以来相对稳定的行业生态，破坏着企业的线性成长和员工稳定就业且赖以存续的环境。

一、颠覆与被颠覆

一个企业跨界创新的成功，颠覆了什么？颠覆了谁？被颠覆后的命运会怎样？

这个时代，跨界创新的成功者令人瞩目，他们创造了跨界的新产品，改变了人类的生活方式，他们是旧时代、旧产业、旧规则的颠覆者，也是时运不济的企业巨头的颠覆者，他们无疑是令人敬仰的时代英雄。

江山代有英雄出，各领风骚多少年。

被跨界创新颠覆或击垮的昔日翘楚，曾经是何等辉煌，正因如此，当他们被跨界者击伤后，大家无不震惊，扼腕叹息，更多的可能是对这个时代的感叹和敬畏！

（一）颠覆者的崛起

跨界创新时代，是颠覆者崛起的时代。颠覆者站在时代的潮头，携跨界创新之利器，占据"天时地利人和"之大势，既拥有技术实力，又具备战略眼光和决策勇气，敏锐地抓住了跨界创新的机遇，仿佛被命运眷顾一般，迅速崛起，令被颠覆者措手不及。其中，最经典的案例莫过于微信和智能手机。

1. 颠覆者之微信

微信的兴起，陆续颠覆了传统通信、第三方支付、网络社交等行业的商业规则、市场结构和竞争秩序，打破了移动网络社交和传统通信行业、移动网络社交和第三方支付行业之间的边界，成为跨界创新的经典案例。

（1）传统通信行业被颠覆。因为微信社交的广泛流行，传统通信行业的企业巨头遭受当头一击，中国移动、中国联通、中国电信等企业的短信业务市场营收和利润锐减，通话业务市场也受到较大冲击。整个行业的主营业务结构被跨界者颠覆后，巨头们唯有顺应时势，努力开拓诸如流量销售等新业务，倾力谋求转型发展，重构行业的商业规则和竞争秩序。

幸运的是，通信行业的巨头们尚未被微信击垮，只是重构了主营业务，巨头们基本实现了平稳过渡。

不幸的是，其中依然不乏令人心悸担忧之处：行业巨头的转型是被动的；转型时企业曾经裁员，转型后员工收入增长变缓甚至有所下降，长远看员工职业预期和稳定性恶化；行业和企业线性成长的环境受到重创。

移动互联等新技术日新月异，下一个影响巨大的跨界创新随时可能出现，通信行业是最易被跨界的行业之一，重资产、大块头、员工多的通信行业巨头能否再经受一次跨界冲击呢？

（2）第三方支付行业的市场结构巨变。微信自 2012 年流行以来，迅速成长为用户最多的 APP，2016 年底已有 10 亿多用户。微信起步于通信软件，如果仅仅沿着通信服务的方向继续发展，最终可能成为腾讯移动端的社交媒体网络，不会具有支付功能。但腾讯一直在探寻跨界创新的一切机会，通过不断的功能融合，腾讯使微信支付成为可能。

微信支付是在移动互联快速发展和智能手机高度普及的背景下，移动网络社交与第三方支付的跨界融合下，成长起来的。微信支付的发展主要基于微信的3个基础功能：①二维码。二维码提供了能容纳各种服务的开放式端口，为确立支付需求关系建立了基础。②公众平台。公众平台是运营支付服务的双边市场交易平台。③移动互联网入口。移动互联网入口为支付服务提供了无跳转的流畅体验。将这三个工具作为基础，微信开创了自己的支付模式。

微信于2013年6月开通了在线支付功能，实现了向第三方支付行业的跨界创新，但在之后一年多的时间里，微信支付的市场占有率很低。其转机出现在2015年初的春节期间，腾讯利用国人春节发红包的习俗，设计了春节微信红包游戏，普及了微信群里发红包和抢红包的活动，借此推广了微信绑定银行卡业务，实现了微信支付用户迅速增加，把微信支付的发展推向了高潮。从微信红包极为火爆的现象来看，这是一次"病毒式营销"的成功案例，是腾讯利用微信进入金融领域的一次漂亮的战役。从此，微信支付声名鹊起，市场占有率迅速提高，演变为支付宝发展道路上的强劲对手，成为第三方支付行业的双寡头之一。

微信凭借向第三方支付领域的跨界创新，在移动支付端崭露头角，市场份额不仅超过了易宝支付、银联等，更成为能够与支付宝抗衡的竞争对手。微信向第三方支付行业的跨界，颠覆了整个行业的市场结构，该行业从支付宝独占优势，演变为支付宝和微信支付双雄争霸的新格局。

（3）网络社交行业重新洗牌。微信诞生之前，QQ、新浪微博、百度贴吧、天涯社区、人人网等占领了我国网络社交行业的大部分份额。微信诞生后，迅速成为网络社交行业的王牌，网络社交行业因此重新洗牌，新的社交软件不断涌现，比较有名的如陌陌、YY、嘎嘎等，原有社交软件纷纷开发APP抢滩登陆移动互联网，各自重新确定自身定位。

2. 颠覆者之智能手机

如果说腾讯跨界创新开发的微信，对传统通信和第三方支付等行业的颠覆，还算相对温和，杀伤力尚不够大。那么，智能手机的横空出世，对数字手机、数码相机等行业的颠覆，可谓是兵不血刃，灭对手于无形，异常残酷。

智能手机是典型的跨界创新产品，集合了通信社交、数码相机、手游、在线视频、互联服务等诸多功能，是一款高度集成了几个产业的主打产品功能的"神器"。智能手机的量产，打破了数字手机、数码相机和个人电脑等产业的边界，这些产业或者快速没落，或者被逼瘦身，被智能手机产业集大家所成，取而代之。

苹果公司，这家来自个人电脑行业的科技巨擘，将在计算机行业多年积累的核心技术优势植入智能手机产品中，推出了跨时代的苹果智能手机，成为跨界创新的典藏级成功案例。智能手机极大程度地改变了人类的生活方式，成为这个时代的颠覆者。其中，苹果手机无疑是智能手机时代的引领者，乔布斯就像站在时代风口的巨人，开启了智能手机时代辉煌的大门，人类欢呼雀跃，鱼贯而入，从此，人类生活的方方面面悄然却深刻地被改变！

智能手机诞生之前，手机、数码相机和个人电脑行业各自安好，分属于三个不同的行业。智能手机风靡之后，手机和数码相机产业边界被打破，互相渗透，数字手机产业的巨头诺基亚，数码相机产业的巨头尼康和索尼，它们的产品市场或者被鲸吞，或者被蚕食，英雄不再，前者惨淡落幕，后者艰难维持。个人电脑也因为智能手机上越来越丰富的 APP 和移动互联的便利，导致市场萎缩，各类 PC 端软件应用渐渐让位于手机 APP，江湖老大的地位不复存在。

（二）被颠覆者的神伤

无论被颠覆者的结局如何，被颠覆者总是被动的，也是神伤的！尤其是，身为被颠覆行业中的翘楚，多年位居市场占有率的前三甲，曾经被万众神往与膜拜，在行业中呼风唤雨，突然某一天，被来自其他行业的跨界神器迎头重击，无论最后是什么结局，当时是何等的五味杂陈，黯然神伤是肯定的！

1. 支付宝以跨界应对跨界

支付宝在第三方支付领域精耕细作十几年，这里，很有必要再次回顾支付宝的发展历程（见表 3 - 1）。

表3-1 支付宝发展历程中的重要事件

时间	重要事件
2003-10-18	淘宝网首次推出支付宝服务。
2004-12-08	浙江支付宝网络科技有限公司成立,支付宝正式从淘宝网分拆独立,发展成为中国最大的第三方支付平台。
2005-02-02	支付宝推出"全额赔付"支付保障。
2008-02-27	支付宝发布移动电子商务战略,推出手机支付业务。
2010-12-23	支付宝与中国银行合作,首次推出信用卡快捷支付。
2011-05-26	支付宝获得央行颁发的国内第一张"支付业务许可证"。
2013-06-13	支付宝推出账户余额增值服务"余额宝"。
2013-11-13	支付宝钱包用户数达1亿,支付宝钱包正式宣布成为独立品牌。
2013-12-31	支付宝实名认证用户超过3亿,全年手机支付金额超过9000亿元,移动支付市场份额居第一,成为全球最大的移动支付公司。
2014-02-28	余额宝用户数突破8100万。
2015-01-26	支付宝钱包8.5版本增设了"我的朋友"选项,进入转账界面就可以和对方直接发送文字、语音、图片等信息。
2015-07-08	支付宝9.0版本加入了"商家"和"朋友"两个新的一级入口,由此切入了线下生活服务与社交领域。
2016-11-01	支付宝入驻苹果App Store。
2016-11-27	继"高端单身交友圈"之后,又小范围推出了"白领日记"和"校园日记"。
2017-05-24	支付宝推出香港版电子钱包,正式为香港居民提供无现金服务。
2018-05-11	网联与支付宝发布公告,双方签署合作协议正式开展条码支付业务合作。

资料来源:根据支付宝官方消息整理得到。

　　然而,让支付宝始料未及的是,微信成为移动互联时代的巨星,短时间内拥有了数以亿计的用户,不仅谱写了移动网络社交的奇迹,还发现并充分利用了用户优势与移动支付之间的协同效应,开发了跨界创新产品"微信支付"。微信借助于"春节微信红包"的营销策略,以迅雷不及掩耳之势,成功跨界进入第三方支付和移动支付行业。支付宝十几年耕耘的收获,被微信支付在短短两年的时间内赶上,如今在各种线上线下的支付端口,都能看到两者比肩的身影,不禁令人嗟叹!

　　微信跨界创新推出微信支付,短短两年时间,便彻底颠覆了第三方支付行业的市场结构。换言之，就是有力地颠覆了支付宝多年来在行业内的地位。今天与微信支付并列行业双雄的支付宝，依然坐拥诸多竞争优势，但从痛失行业绝对垄断地位和近一半的市场份额角度来看，也有被颠覆者的黯然神伤。

在微信跨界进入第三方支付行业的过程中，支付宝的应对策略是选择向微信的网络社交行业反向跨界，具体行动是在 8.5 版本和 9.0 版本中陆续加入了"朋友"和"商家"入口，实现了支付宝的聊天和社交功能，后来又推出了"高端单身交友圈"等社交服务功能。迄今为止，微信向第三方支付行业的跨界是成功的，支付宝向网络社交行业的反跨界收效不大，因此，与微信支付的优势主要来自微信庞大的用户群不同，支付宝的竞争优势仍然主要来自其多年耕耘积累的忠诚客户，服务的专业性、安全性和便利性，以及淘宝和余额宝的协同效应等。

2. 诺基亚的命运

曾几何时，诺基亚和摩托罗拉就是手机这一人类伟大发明的标志，两者多年来雄踞手机市场占有率的冠军和亚军宝座，分享了绝大部分的市场份额。2007 年是诺基亚手机最鼎盛的时期，销量占据了整个手机市场的四成份额。诺基亚手机的质量堪称一流，诺基亚成为传统手机行业的第一大佬，是实力所致，众望所归。

然而，2007 年诺基亚的辉煌背后隐藏了巨大的危机。正是 2007 年，苹果公司推出了 iPhone。随后的三年，手机市场发生了天翻地覆的变化，诺基亚手机的市场份额不断遭到蚕食，开始逐渐走向没落。

结局是悲哀的，2013 年 9 月 3 日微软以 72 亿美元收购了诺基亚的手机业务。[①] 当然，诺基亚公司并没有彻底倒下，已转型为网络设备公司，2016 年完成了收购竞争对手阿尔特朗讯的商业战役，主营业务已不再是手机产销。诺基亚没落的是它的手机业务，让人感叹的是手机行业曾经令人敬仰多年的霸主，因为苹果公司跨界创新推出 iPhone，以及接下来智能手机行业的崛起，迅速失去了手机行业的翘楚地位，随后多次努力也难以翻身，几乎从手机市场消失。

诺基亚手机没落的主要原因：一是因为苹果的成功跨界和三星的反跨界逆

---

① 蒲国庆，韦杰，崔英哲 . 浅析微软收购诺基亚背后的战略［J］. 科技资讯，2015（01）：242.

袭，两者迅速锁定了智能手机行业的领先地位。苹果、三星等品牌智能机的大量涌现，令诺基亚猝不及防，虽然诺基亚也有很多智能机产品，但是苹果等品牌的智能机能够更好地满足客户的需求，性价比更高，诺基亚智能机不再是用户的首选。二是诺基亚智能机操作系统选择不当。诺基亚智能手机使用的主要是塞班和 Vin7 系列的系统，事实证明在用户体验中，这两种系统都远不如 Android 系统，Android 系统更加美观、简洁，逐渐被大量智能机用户接受。可以说诺基亚选错了智能机操作系统，一步错步步错，诺基亚的时代也就慢慢终结了。三是诺基亚痛失先机，失去了大量用户。操作系统不被看好，加上智能手机的其他设计也无法与苹果、三星等品牌抗衡，诺基亚没能抓住智能机时代的先机，市场迅速被苹果和三星等品牌蚕食，用户已大量流失，再想翻身就很难了。

3. 索尼的被破产

索尼是一家国际化大公司，是视听产品、电子游戏、通信产品和信息技术等领域的先导者，便携式数码产品的开创者，全球最大的电子产品制造商之一，世界电子游戏业三大巨头之一，等等。① 与诺基亚一样，索尼在高科技领域也曾令人仰止，索尼产品带给几代人无数的美好和快乐。可是，跨界创新时代的科技产业动荡加剧，曾经的手机行业老大诺基亚被收购，曾经的科技巨头索尼也陷入了"被破产"的舆论漩涡。微博上有个账号，名字就叫"今天 SONY 破产了吗"，接下来很长一段时间，每天的微博内容便是"没有"，后来这个账号不再调侃，开始更新索尼的消息。为什么索尼总是"被破产"呢？原因无外乎长江后浪推前浪的残酷和索尼的衰退。

成立于 1946 年的索尼，生产的收音机、黑白电视、特丽珑映像管彩色电视机、Walkman、PlayStation 都曾创造过市场销售的辉煌业绩。1996 年以后，索尼接连推出了 CyberShot 数码相机、VAIO 笔记本电脑、Clie PDA 等产品，索尼帝国的疆土越来越辽阔。② 21 世纪初，Walkman 和特丽珑技术衰败，索尼顺势转型，发展高清领域、数位影院、游戏和电子娱乐为公司的四大支柱业务。

---

① 傅永恒. 全球国家公司三十排行榜 [J]. 浙商，2014（19）：30 – 35.
② 唐媛媛. 索尼手机业务在中国市场的发展战略 [D]. 北京：对外经济贸易大学硕士学位论文，2014.

索尼的衰退始于 2012 年，平井一夫在这一年提出了 One Sony 战略，将移动设备、数字影像和游戏确定为索尼电子业务的核心业务。2013 年索尼以 11 亿美元将美国总部大楼出售，同年传出索尼破产的消息，这也是索尼倒闭谣言的开始。2014 年，索尼又以 161 亿日元将发家之地的旧总部也卖了，索尼官方称这次交易可以增加大约 100 亿日元的营业利润。接下来，出售 PC 业务、出售电子书业务、中国区裁员等一系列举动，让索尼的负面新闻达到顶峰。

索尼从 2013 年开始，财务状况就极不稳定，主要原因是受到其智能手机业务亏损的拖累。根据其财报显示，索尼 2013 年亏损 12.5 亿美元，2014 年扩大到 21 亿美元，2015 年扭亏为盈，2016 年营业利润达到 25.78 亿美元，2017 年达到 65.63 亿美元，2018 年实现历史最高营业利润 83.38 亿美元。索尼于 2012 年后知后觉地跨界进入智能手机市场，因为产品缺乏核心竞争优势，连续几年处于巨亏状态。经过数年的艰辛努力，索尼的手机业务在 2016 年扭亏为盈，索尼智能机在日本和欧洲的市场份额已居前列，可惜在 2017 年和 2018 年又陷入亏损状态。值得庆幸的是，索尼的游戏业务和金融服务一直盈利丰厚。2017 年，索尼游戏业务营业利润达到 16.55 亿美元，2018 年同比增加 12.45 亿美元达到 29 亿美元，占总营业利润的 34.8%。索尼 2004 年 4 月成立的金融控股公司，包括索尼人寿、索尼保险和索尼银行，一直默默地为索尼带来巨额利润。2014 年，在索尼其他核心业务出现亏损的情况下，索尼金融服务的营业利润竟然是索尼整个集团最终营业利润的 3 倍。2017 年索尼金融服务业务营业利润达到 15.98 亿美元，占索尼当年总利润的 1/4。2018 年，索尼金融服务营业利润达到 15.06 亿美元。

索尼在经历至暗时期后，虽然成功通过游戏和金融业务恢复了元气，但是智能手机业务仍然不景气，已失去了在电子产品行业的霸主地位。过去几十年，索尼总能顺应时代变迁，推陈出新，矗立于行业的金字塔尖。然而，智能手机的跨界创新，委实伤了索尼的元气。索尼数码相机所在的行业开始衰退，索尼所在的高端 4K 电视市场受到冲击，索尼的电子书和 PC 也未能幸免。索尼作为曾经的视听行业巨头，显然不甘于只处于为其他品牌厂商提供图像传感器等部件的地位，不甘于被跨界者掣肘的命运，毅然选择了反跨界策略，在智能手机市场格局已定的情况下，反跨界进入智能手机市场，随后的遭遇是多年亏损，显然已难以在电子产品行业重现往日辉煌。

4. 数码相机巨头尼康的瘦身

数码相机产业的衰退与智能手机的兴盛密切相关，数码相机产业的巨头尼康公司深受其害。智能手机的普及，挤占了数码相机市场，导致占尼康收益很大一部分的相机业务持续低迷。①

21 世纪初期开始普及的数码相机，至今只有十多年的历史，数码相机出货量在 2010 年达到顶峰，全球销售 1.2 亿台，其中，佳能、尼康和索尼等日本品牌高居行业销量前三甲，市场呈现寡头垄断格局。然而，好景不长，2003 年带拍照功能的智能手机现身市场后，智能机的拍照功能迅速被市场认可，成为智能手机的卖点之一，拍照技术和功能得以快速进步。尤其是 2007 年 iPhone 面世之后，智能手机的相机镜头质素飞快增长，以至于传统数码相机市场不断被智能手机蚕食。伴随着智能手机热销的，则是相机销售的衰退，数码相机销量自 2010 年后开始剧降，2014 年仅为 4000 万台，2015 年进一步降至 3500 万台，2016 年继续下滑至 2390 万台，2019 年这一数据降至 1521 万台。与此同时，智能手机销量大幅增长，2019 年全球智能手机出货量为 14.86 亿部，全球市场占有率第二名的华为智能手机出货量达到 2.385 亿部。

尼康的媒体负责人称"尼康的销售额从 2012 年到 2016 年下降了 68%，整个市场在不断缩小，尤其是小型数码相机的需求量不断下降"。根据尼康公司财报显示，2017 年第一季度公司营收同比下降了 8.6%，净亏损 71.07 亿日元。从 2013 年到 2017 年，尼康的营收同比均发生下跌。

2016 年 11 月 8 日，日本尼康公司宣布在日本国内实施人员配置的调整，涉及的员工约 1000 人。据当地媒体报道，尼康决定在 2017 年 3 月末之前执行该计划，通过提前退休等方式在国内削减约 1000 名员工，大约相当于其国内员工总数的 10%。与此同时，尼康当天还把公司 2017 年销售预期下调约 2 亿美元。

---

① 彭雷. 数码相机产业的衰退［EB/OL］.（2016－11－24）［2020－12－30］. http：//blog. sciencenet. cn/blog－28871－1016459. html.

2017年10月31日，日本百年相机制造商尼康作了一个"艰难的决定"，突然宣布关闭其位于无锡的工厂，并裁员2000余人。[①] 尼康于2002年6月在江苏无锡成立的工厂（NIC），一直从事数码相机及其组件的制造，由于智能手机的崛起，小型数码相机市场快速萎缩，NIC开工率也持续下降，持续运营变得非常困难，最终不得不被关闭。

相机产业的历史，就是数码相机取代胶片相机，智能手机挤垮数码相机的历史。智能手机除了便携、拍照质量不亚于卡片机等优势外，更重要的是，智能手机可以下载很多图片处理软件，可以移动互联，因此就可以非常轻松地编辑照片，并利用移动互联网络发布在朋友圈等社交空间。2018年新推出的华为手机，还具备在手机上处理视频的功能。智能手机集成了多种功能，拍照只是其中一个功能，智能手机的社交、照片和视频的编辑功能是数码相机所不具备的。数码相机产业的衰退说明，电子产品的智能化和集成化是大势所趋，数码相机如果同时实现智能化和集成化，就会演化成智能手机的类似产品，但是，它又很难超越已经普及且广受欢迎的智能手机。因此，智能手机时代，数码相机产业的萎缩在所难免。

5. ATM 行业巨头的"躺枪"

时代抛弃你时，连一声再见都不会说。一语成谶，应验在了ATM行业巨头身上。当支付宝和微信先后跨界进入线下支付领域，移动支付越来越便捷，逐渐成为大多数人的支付习惯，使用现金支付的人越来越少的时候，ATM行业的路就走到了尽头。ATM行业是典型的被跨界颠覆的行业，行业巨头的陨落也是移动支付疯狂生长的弊端结果。

移动支付行业的"神仙打架"，ATM行业巨头躺着中枪。2015年春节后微信支付崛起，移动支付行业从支付宝垄断演变为微信支付和支付宝激烈竞争的格局，两强相争的结果，移动线下支付覆盖的广度和渗透的深度双双快速提升，短短两年时间，实体店购物、餐馆吃饭、医院就诊、打的、乘公交和地铁等，几乎

---

① 雨菲. 筹建中的媒体星，这块蛋糕有多大？［J/OL］. 卫星与网络，（2017-11-07）［2020-12-30］. http://www.sohu.com/a/202818249-466840.

所有线下支付的场景，都实现了扫码移动支付。2018 年第一季度，我国第三方移动支付市场总交易规模达到了 40.36 万亿元，环比增长 6.99%。① 曾经，一位记者在某商场问一位手机扫码支付的顾客，"你有多久没去 ATM 取过钱了？"顾客回答，"几乎所有的场所都能扫码支付，为什么还要到 ATM 取钱呢？"移动支付越来越方便，出门不带现金的人越来越多，现金支付在线下支付中的占比越来越低；移动支付快速普及，已成为线下支付的主流方式，ATM 的市场需求骤降。

中国 ATM 行业在经历了 2011 年到 2015 年的高速发展期后，增速开始放缓。2015 年我国联网 ATM 机数量达到 87.13 万台，同比增长率高达 40.95%；2016 年为 92.91 万台，增幅降为 6.63%；2017 年为 96.06 万台，增幅仅为 3.39%；2018 年为 111.08 万台，增幅扩大为 14.99%；2019 年这一数据却缩小到 110.04 万台，同比降低 0.94%。ATM 机行业并非输在不求创新、故步自封上，事实上近几年行业巨头们也在不断研发创新，先后应用最新技术开发了无卡取款、人脸识别、非接交易等业务。但现金使用频率的下降，却是超出该行业创新范围的不可扭转的趋势，以存取款为主要功能的 ATM 机，输给了移动支付，输给了跨界者——支付宝和微信，输给了这个跨界创新的时代，不幸成为时代转型中的"躺枪"行业。

2017 年是 ATM 行业灾难凸显的一年。由于支付宝和微信支付迅猛发展，移动支付替代了大量的小额现金支付，严重影响了银行 ATM 机等自助设备的布放，银行现金类自助设备特别是 ATM 的投入与使用在不断降低，整体呈现出停滞甚至减少的状态。随着移动支付的普及，曾是日常生活中不可或缺的银行 ATM 机遇冷，ATM 机行业巨头的业绩出现大幅度下降。我国 ATM 机行业巨头 2017 年业绩大幅下滑，多家 ATM 制造商的 2017 年年报显示，厂商普遍出现营收和业绩的双双折戟，个别公司净利润已跌为负数（见表 3 - 2）。

ATM 市场骤冷，对维珍创意的打击近乎是毁灭性的。维珍创意是国内银行 ATM 行业的一条龙巨头，集设计、研发、生产、销售和安装为一体，从外包装到安防监控和软件，无不登峰造极，一度被评为最具投资价值的企业。维珍创意

---

① 杨雪. 对第三方支付现状分析研究——以四川商通为例［J］. 商情，2019（16）：87.

也曾是一家新三板明星公司，凭借持续增长的业绩，颇受资本青睐。财报显示，2014 年公司净利润 2524 万元，同比增长 89.3%；2015 年净利润 3177 万元，同比增长 25.9%；2016 年净利润 3413 万元，同比增长 7.4%。2017 年半年报中披露的公司股东共计 699 个，其中机构投资者 102 个，机构投资者中既有国企，也有以联合投资身份出现的柳传志、俞敏洪等 40 多位知名企业家。从 2013 年到 2015 年，公司共完成四次融资，累计 1.69 亿元。就是这样一家被众多知名投资者看好的行业巨头，2017 年业绩急速下滑到濒临亏损的关口，输给了现金失宠的时代，变成了没有前途的公司，被迫选择终止上市计划。

表 3-2　我国 ATM 机行业巨头 2017 年业绩大幅下滑

公司简称	业绩下滑的具体数据
维珍创意	2017 年营业收入 4300.6 万元，较上年同期下滑 60.74%；净利润为 302.81 万元，较上年同期下滑 91.13%。上市计划宣告终止。
广电运通	2017 年营业总收入 43.84 亿元，同比下降 0.91%；实现扣非后归母净利润 4.13 亿元，同比下降 43.59%。ATM 行业整体不景气是广电运通业绩滑坡的主要原因。
新达通	2017 年亏损 2129 万元，上年同期盈利 1367.89 万元；营业收入 1.64 亿元，较上年同期下滑 35.39%。股价暴跌，副总经理离职。

资料来源：根据三家公司公开的财务报告数据整理得到。

受到波及的还有 A 股深圳中小板市场上市公司广电运通（002152），其为国内 ATM 行业巨头，主营 ATM 等金融智能设备的生产销售和维修服务。在现金使用率不断降低的背景下，银行 ATM 装机量不断减少并伴随单价下滑，ATM 行业景气度于 2017 年触及阶段低点，广电运通 2017 年实现扣非后归母净利润 4.13 亿元，同比下降 43.59%。为应对 ATM 市场不可逆转的颓势，广电运通于 2017 年底开始战略转型，聚焦于智能金融、智能交通、智能安全、智能便民四大领域，旨在实现同心多元化经营。2018 年上半年广电运通实现营业总收入 21.19 亿元，同比增长 38.51%，实现扣除非经常性损益的净利润 2.85 亿元，同比增长 139.54%。营收超预期和扣非净利润的快速增长，提振了广电运通转型的信心，报告期内金融智能设备装机量和智能交通项目较上年同期有所增加，智能安防和智能财税带来了新的收入和利润增长。广电运通 2018 年主业好转的原因：一是行业集中度提升。2017 年 ATM 市场低迷迫使小规模厂商退出，广电运通等行业龙头吸收了小厂商的市场份额。二是银行对 VTM 等智能化设备的需求提升。国内银行 2C 端金融机具存量由 2017 年底的 90 万台上升至 2018 年一季度末的 110 万台，增量中较大比例为 VTM 等新型智能化设备。广电运通作为国内 ATM 市场占有率第一的行业龙头，2018 年上半年金融设备营业收入 8.07 亿元，同比增长 27.41%，占总营收的比率为 38.09%。三是营收重心逐渐由金融现金设备转向金融运营服务。2012 年至 2017 年，广电运通设备维护及金融服务业务营业收入年复合增长率为 50.41%，营收占比不断扩大。2018 年上半年服务业收入占总营收比率超过 50%，设备维护及服务营业收入为 7.59 亿元，同比增长 14.80%。总之，广电运通的主业高度依赖银行营业网点的扩张，随着线上业务的高速发展，银行营业网点的萎缩难以避免，广电运通能否依托新业务成功转型，还需要市场和时间的检验。

新三板公司新达通（430596）受到重创，业绩翻脸。新达通 1997 年于深圳开业，主要从事自动柜员机、自动售票机的研发、销售、维护和租赁等。2017 年，由于银行柜员机销售收入下降，新达通仅实现营业收入 1.64 亿元，较上年同期下滑 35.39%，归属于挂牌公司股东的净利润为 -2129.73 万元，首度巨额亏损引发股价暴跌，在这不久后，新达通副总宣布离职。

二、天使与魔鬼

跨界创新是天使也是魔鬼。从成功跨界的企业的角度来看，跨界创新是天使，从被跨界颠覆的企业的角度来看，跨界创新是魔鬼；从消费者的角度来看，跨界创新是天使，从被颠覆行业的从业者的角度来看，跨界创新是魔鬼；从技术进步催生人类新的物质文明的角度来看，跨界创新是天使，从跨界创新加快行业洗牌速度从而加剧社会动荡的角度来看，跨界创新是魔鬼。当我们从跨界创新中受益时，会感叹它像天使般美丽神奇；当我们被跨界创新重创时，会惊恐且无奈地直面它的粗暴和无情。

（一）跨界创新的天使翅膀

一个又一个传奇般的跨界创新，神秘地扇动着天使般的翅膀，正在加速把人类带向一个崭新而未知的世界。至少目前，我们难以想象 20 年或者 50 年后的人类社会，主流的生活方式是怎样的。就像 20 年或者 50 年前，我们无法想象智能手机让现在的人类如此痴迷，移动互联能够瞬间让天各一方的人们互联互通一样。跨界创新有一对神秘而美妙的天使翅膀，扇动之处，无不诱发巨大的蝴蝶效应，随之而来的是新兴文明的强势崛起。跨界创新时代，仿佛是有天使在人间不断扇动翅膀飞翔的时代，天使的翅膀正助力人类更快地走向更美妙的未来。

1. 跨界创新的贡献

从许多角度来看，跨界创新都像天使一样，极大地促进了人类社会的发展。

其一，在跨界创新的奇异力量下，人类文明程度正在呈几何数级提高。跨界创新的力量远大于一般创新的力量，这股奇异的力量有摧枯拉朽之势，可以持续地撼动行业间的边界和行业内企业的排序，跨界竞争导致很多行业处于不断被颠覆并重新洗牌的状态，产业和产品持续不断地升级成为常态，与之相应的是，人类文明的进程也因此加速提升。

其二，从消费者的角度来看，跨界创新的成功意味着更好的产品和服务。成功的跨界创新，催生的是消费者非常认可的产品和服务，如智能手机、支付宝钱包和微信支付。这类影响力巨大的跨界创新产品，它们让大家的资金往来、理财和保险的购买、信息和情感的交流更方便，精神生活更丰富，物质享受更优越，一言以蔽之，生活更加便捷。

其三，灵感来自顾客需求的跨界创新，催生的技术进步更具有人文情怀。企业跨界创新的灵感来源于顾客需求，企业洞察、分析、创造和满足顾客需求的能力，决定了企业能否捕捉到跨界创新的机遇，并取得成功。正因如此，跨界创新催生的技术进步，是与顾客需求紧密相连的，其充满着灵性和人文的光辉，能让人类更多地从中感受到生活的温馨美好。

其四，跨界创新挑战行业固有秩序，开启了奇妙的异次元空间。当行业的竞争秩序固化之时，行业巨头垄断或半垄断的地位必定难以撼动，产业升级和产品创新的速度会变得滞缓。跨界创新就像划破苍穹的闪电，撕开了行业固化的秩序，开启了跨界泛竞争的空间，从此，行业巨头难以借助垄断地位故步自封，创新者将有更多的机会去挑战陈腐、去创造崭新的未来。

其五，跨界创新形成的跨行业泛竞争格局，更有利于技术进步的提档增速。跨行业泛竞争格局下，那些不在视线内的企业，才是最厉害的竞争对手。这些隐身且身怀绝技的竞争者，不是来自原行业，而是来自其他行业，一旦出手，推出的跨界竞争产品往往惊艳世人，仿佛不经意间便会击垮原行业的巨头。因此，泛竞争格局的形成，必然倒逼企业更加重视技术创新，企业不仅要重视本行业的技术创新，还要时刻紧盯其他相关行业的技术创新，从而推动全社会技术创新的提质增速。

最后，也是最重要的，跨界创新打开了人类新纪元的大门。

2. 跨界达人是新世界的精灵

跨界达人带给世界的是震撼、惊奇和美妙，他们打破常规、出奇制胜，他们创造了伟大的产品，他们成为世人敬仰的英雄。例如，苹果公司的乔布斯、微信的发明者张小龙，他们不像一般的人类，更像是带领人类走向新世界的精灵。

跨界达人具有精灵般的悟性和直觉。行业内竞争是相对容易预测的，主要依据理性分析来预测。但是，跨行业的泛竞争却难以依据理性思考预测，而是主要靠直觉、灵感等洞察出来的。能够发明消费者高度认可的跨界产品的人，必须具有精灵般的悟性和直觉，方能敏锐地体察消费者的潜在需求，穿梭在多个行业的不同时空，捕捉发明跨界产品的灵感。

跨界达人是充满人文情怀的精灵。当我们沉迷于跨界创新产品时，我们一定能够感受到产品的发明者和完善者的人文情怀。智能手机、微信、支付宝、airbnb 和 uber 这些产品，之所以这么受消费者的欢迎，就是因为它们确实很温暖贴心，消费者能够感受到它们散发出的人文关怀。细细思索，为什么这类产品这么有人情味呢？最合理的解释就是这些产品的发明者和完善者是精灵，是能够体察消费者细微感受的精灵，是源于人文情怀而不是商业利益去开发和完善产品的精灵。

跨界达人是穿梭于行业边界的技术达人。他们也必须是技术达人，而且是能够游走在行业界限两边的技术达人。他们不仅掌握原行业的顶尖技术，而且也谙熟拟跨界行业的技术，因此，可以借助深厚的技术功力，甚至凌驾于技术之上，把捕捉到的跨界创新灵感，巧妙地融入跨界创新产品中。

跨界达人对待创新具有非凡的执着和痴迷。说他们是精灵，也是因为他们对待创新的精神不同于一般人，他们会非常痴迷于创新，在创新的过程中会很执着，他们的脑储存中比常人少很多遇到困难便退缩的变通，取而代之的是比常人多几倍的对创新的执念和坚韧。

3. 新技术是天使的天使

无论是天使般的跨界创新，还是精灵般的跨界达人，他们的天使都是新技术。

新技术是天使扇动翅膀的能量源。可以想象，只有在新技术大量并且集中涌现的技术革命和技术浪潮时代，天使才有扇动翅膀的能量源，神奇的跨界创新产品才有诞生的根基。当今时代，是智能化和新一轮信息化的时代，技术浪潮正显现出重塑产业链的影响力，产业正在广泛、深度地融合与渗透，大数据和智能化驱动着产业创新、技术创新，也驱动着商业模式创新。

新技术是跨界达人跨界创新的沃土。跨界创新，源于市场，成于技术。跨界达人必然是一只眼盯技术前沿，一只眼盯市场需求，在新技术和市场需求的交互中，捕捉跨界创新的灵感。新技术是孕育跨界创新的土壤，新技术的能级越高，土壤就越肥沃，孕育出跨界创新产品的概率就越高，数量就越多，效果也越好。

新技术是跨界达人抒发人文情怀的利器。真正成功的跨界达人，似乎无一例外，既是新技术的痴迷者，也是如假包换的技术达人。因为只有这样，才能成为悟性和直觉超凡的精灵，捕捉到跨界创新的灵感，才能游刃有余地运用新技术，开发出具有人文情怀的跨界产品，最贴心地去满足消费者的潜在需求，开发出巨大的蓝海市场。

（二）跨界创新的魔鬼戾气

跨界创新既是神奇美妙的，也是霸道无情的。既像天使一样开启了人类文明的新纪元，又像魔鬼一般戾气附身，给人类的和谐稳定埋下了隐患。跨界创新时代，企业不知道最强的竞争对手在哪里，不知道对手什么时候出现，出现时还有没有机会应对。因此，再优秀的企业，都会有朝不保夕的担忧。跨界创新时代，员工不知道自己什么时候会失业，不知道多年的工作经验能否有助于再就业。因为，跨界者随时可能颠覆一个行业，击垮一个曾经很优秀的企业，在这些行业和企业里就业的员工，随时可能失业，在一个被时代淘汰的行业中工作多年积累的经验，再就业时的价值可能会大打折扣甚至毫无作用。

1. 跨界创新的搅局本性

跨界创新具有搅局的本性，跨界有侵略之意，创新是推陈之举。跨界者既是被跨界行业的搅局者或颠覆者，也是旧技术和旧产品的歼灭者。

跨界创新出现之处，往往是几个行业维持多年的商业格局和竞争秩序被搅乱之处，多个曾经的科技和商业巨头焦头烂额，疲于应对。

跨界创新时代，越来越多的行业和企业巨头被搅局将成为常态，社会商业生态的动荡不安也将持续存在，员工就业环境的不稳定也将倒逼更多的人去适应失业和再就业的循环。

2. 跨界创新的霸道蛮横

跨界创新也是霸道蛮横的。霸道的表现是不给对手还击的机会，甚至不给对手留下生存的空间，最终的结果往往是跨界成功后的改天换地。蛮横的表现是在颠覆被跨界者时，显得很粗暴，且不通情理。

对于被跨界的行业来讲，跨界者像天外来客一样横空出世，霸气十足，携竞争力极强的跨界创新产品，开启颠覆行业之旅，从此行业不再安宁，被颠覆后不复存在的有之，被重新洗牌后面目全非的有之。

对于被颠覆的企业巨头来讲，跨界者不按原有规矩出牌，跨界创新产品相对于传统产品而言，具有压倒性的竞争优势，因此，许多企业巨头被跨界者颠覆时往往措手不及，既无反击的机会也无反击的力量。

对于因为跨界创新而失去工作的人来讲，跨界者就像披着创新外衣的强盗一样，合法地抢去了他们的饭碗。

3. 跨界创新的杀伐无情

跨界创新产品虽然倾注了来自发明者内心深处的人文情怀，为消费者带来了美妙的消费体验。然而，跨界创新带来的行业颠覆与重组，企业破产或转型，却是非常残酷与无情的。

在市场经济体制下，行业内竞争虽然也很激烈，但是淘汰者大多都是技不如人的弱势企业，胜出者都是很优秀的企业。跨界创新时代，跨行业的泛竞争，靠的是对市场的敏锐嗅觉、跨界的灵感、创新的技术，靠的是出奇制胜的跨界创新产品。胜出者往往出人所料，被击垮的往往是行业翘楚。

跨界创新点燃的是一场优秀企业间的战争，这场战争的攻击者来自行业外，往往难以预料，即使再优秀的防守者，在战争燃起时，也将成为被动的应战者，还手的机会很少，被击垮的概率极高。这也正是跨界创新的无情之处，既是昔日英雄被击垮的无情，也是令世人嗟叹的无情。

4. 跨界创新的潜在危害

跨界创新还会给经济社会的发展带来较大的潜在危害。尤其是一些服务类的跨界创新产品，跨界到了金融行业这类关乎社会稳定的重要基础行业，这类跨界产品的风险点如果不能有效控制，会积累较多隐患。

例如，支付宝和微信的一些金融类跨界创新产品，披着科技金融的外衣，本质上却存在违规嵌套信贷业务、过度收集和泄露用户隐私、风险隔离措施不健全、流动性风险大等诸多问题。随着这些跨界产品对传统金融产品的冲击越来越大，市场垄断行为日益加剧，必将给我国金融市场带来很大的隐患，进而影响实体经济的健康发展。

及时发现具有较大潜在危害的跨界创新产品，在加强监管的同时，鼓励和引导守正创新，是防范跨界创新潜在危害的有力举措。

（三）难以掌控的巨大内力

跨界创新是天使也好，魔鬼也罢，归根结底，其实只是一种内力巨大、影响力惊人的创新方式。人类既无法阻挡它的到来，也难以控制其巨大的颠覆力量。

1. 巨大的内力

跨界创新的内力巨大,一是因为这种内力源于新技术浪潮的原动力,二是因为这种内力来自跨界产品的聚合力,三是因为跨界创新成功时的爆发力。

(1)新技术浪潮的原动力。近30年来,桌面操作系统、Web浏览器、互联网、社交网络、移动互联网、移动应用APP、云计算、物联网和人工智能这九种技术,就像一个个独具特色、狼性十足、此起彼伏的小浪,聚合成了威力无穷的大浪潮,深刻地改变了全球的科技格局。这九种技术的开发和应用,像一只无形的手,将人类社会推入了最新一轮的技术浪潮中。这轮技术浪潮的前期主导技术是操作系统、Web浏览器、互联网;中期是社交网络、移动互联网、移动应用APP、云计算,后期是物联网和人工智能。当前,时间的巨轮已经接近新技术浪潮的中后期,我们有很多理由可以相信,物联网和AI的发展必将再次刷新世人的想象和认知。

多种来源的力量,其中最重要的是技术创新的力量,交汇并持续喷发,形成了新技术浪潮的排山倒海之势。在新技术浪潮中应运而生的跨界创新,内力之所以强于传统创新方式,正是因为它不是在常态下兴盛的创新方式,而是在最新一轮的技术浪潮中兴盛起来的,它在最新的大势中汲取了只有在大势中方能汲取的巨大能量,借此成就了大气候,开创了跨界创新的时代。

跨界创新好似只能在新技术浪潮的沃土中盛开的花,汲取了只有这沃土中才有的最稀有、最丰盛的营养,绽放着令世人惊叹且猝不及防的美丽与傲娇。因此,可以这样说,跨界创新的内力主要源于新技术浪潮的原动力,强大的内力来自内力产生的源头,具有先天优势。

(2)跨界产品的聚合力。怎么描述和理解跨界产品的聚合力?这可以从物理的角度去解释。

黑洞之所以引力巨大,是因为它的高密度和高质量。黑洞就是一个密度无限大、热量无限大、体积无限小、时空曲率无限高的奇点和周围一部分空空如也的天区。依据爱因斯坦的相对论,当一颗垂死的恒星崩溃时,它将聚集成一点,这里将成为黑洞,吞噬邻近宇宙区域的所有光线和任何物质。黑洞的引力很大,使得视界内的逃逸速度大于光速,是时空曲率大到光都无法从其视界逃脱的天体。

由于高质量而产生的引力，使任何靠近它的物体都会被它吸进去。

跨界产品集成了多个原产品的功能，仿佛就是商业产品界的黑洞，蕴藏了极强的聚合力，与之相比，其他相关联的原产品就显得很弱小，无法与之抗衡。例如，智能手机集成了传统手机、数码相机、个人电脑中的第三方应用等诸多原产品的功能，因此具有极强的聚合力，传统手机、数码相机等产品的内力与它的内力根本不在一个层级上，就像蚂蚁与大象的力量对比。

跨界产品的这种聚合力，是其内在属性决定的，是跨界创新的核心内力，也是跨界创新内力巨大的根本内因。

（3）跨界成功时的爆发力。企业跨界创新成功之时，往往会引起几个行业的快速洗牌和演化。这个时间较短但变化极大的过程，往往被称为颠覆。例如，智能手机颠覆了传统手机、数码相机等行业；微信颠覆了传统通信、网络社交、第三方支付等行业；支付宝颠覆了自动柜员机、银行理财和小额信贷、传统保险等行业。

颠覆和重组的过程，实际上可以成倍地放大跨界创新的核心内力。这就是说，如果某个跨界创新产品的聚合力是 K，则该产品冲击被跨界行业和留守行业后，相关行业颠覆和重组的过程可以将 K 放大 n 倍。

颠覆持续的时间越短，爆发力越强，核心内力被放大的乘数就越大。令颠覆持续的时间为 t，爆发力为 B，跨界产品的总内力为 F，则 $n = a/t$，$B = (n-1) * K$，$F = B + K = nK$，其中，a 为常数且 $a \geqslant t$。

2. 难以掌控的内力

巨大的内力如果能够被人类掌控，无疑会最大限度地造福社会。然而，跨界创新的巨大内力却是难以掌控的，因此，这种内力的"双刃剑"效应就会非常明显，必然导致其负面影响难以回避，从而留下较多隐患。

抓住主要矛盾进行分析，跨界创新的内力难以掌控的主要表现，可概括为以下三个方面：

其一，跨界创新的力量何时爆发，在哪里爆发，以什么方式爆发，难以预料，更无法控制。

其二，这种力量一旦爆发，对原企业、原行业和人类社会的冲击力，难以掌控。

其三，这种力量改变人类生活方式的方向、程度和节奏，给社会带来的隐患和风险，不仅难以控制，而且令人担忧。

3. 制衡的力量

所幸的是，因为消费者人性中的"善"为主流，所以跨界创新的正面作用也是主流。如前文分析，成功的跨界创新必然来自消费者的高度认同，消费者高度认可的跨界创新产品，其正面作用占优，负面作用主要来自人性的弱点，不占优。究其根源，社会人从善如流，善为人性的主流。所以，从根源上看，制衡跨界创新的隐患和风险的原始力量，是消费者的价值观和良善的人性。

当然，因为人性是有弱点的，所以制度的制衡作用也是必不可少的。在制度制衡这方面，存在的问题前文也分析过，主要是制度变更跟不上跨界创新带来的各种变化的节奏，所以会产生制度制衡的盲区。人类社会必须尽快适应跨界创新的节奏，摸清规律，研究能适应跨界创新频率的制度变迁路径和方法，以便能够通过相关法律的调整、商业秩序的重构、社会保障制度的变革等手段，尽可能地抑制跨界创新的负面影响。

然而，新技术浪潮催生的跨界创新似乎刚刚拉开序幕，跨界创新会将人类带向怎样的未来仍然难以预料。可以预见的是，因为跨界创新改变人类社会的巨大内力难以掌控，因此带来的行业动荡无论是在深度上还是在广度上都不容小觑，由此产生的风险和隐患也将难以避免，必然会成为人类社会发展史上的一个独特而艰巨的挑战。

三、进步和风险

跨界创新是颠覆式的创新，结果必然是几个行业的重新洗牌，跨界成功者强势崛起，留守者和被跨界者被动防守，只有部分转型成功，大多数则黯然没落。其间，在推动产品升级和技术进步的同时，行业动荡和企业兴衰带来的风险不言而喻。换言之，跨界创新推动的人类文明和技术进步，是伴随较大代价与风险的。

（一）跨界颠覆的贡献与代价

跨界创新的颠覆性，决定了其在推动文明和技术进步、产业和消费升级的同时，会付出较大的代价，这些代价与风险往往结伴出现，因此，值得先行分析。

1. 跨界创新开辟蓝海市场的狼性

红海市场与蓝海市场，是两个成对出现的概念。红海市场指现今存在的产业已经饱和的市场空间；蓝海市场则指尚未开发的产业的未知市场空间，或者新产业的未饱和市场。在红海市场中，企业的市场占有率排序相对固化，商业规则为人熟知，市场空间越来越拥挤，企业营收和利润增长越来越艰难，残酷的竞争让红海市场仿佛鲜血淋漓。与之对应，蓝海市场则是另一番景象，那是一个尚未开发的市场，或者是一个尚未饱和还存在增长空间的活力市场，市场秩序还在构建或者完善的过程中，企业的座次未定，新进入者尚有成为市场王者的可能，实现营收和利润的双双高增长是正常状态。

深陷红海市场的企业为谋求增长和发展，必然不会放过任何一个开拓蓝海市场的机会。企业通过跨界创新开辟蓝海市场，无疑是当今社会最令世人瞩目的方式。不过，与传统的蓝海市场开发方式的温良不同，通过跨界创新开辟蓝海的这种方式狼性十足，可以说非常残酷。传统的蓝海市场开发，大多数是通过在红海内部扩展已有产业边界而开拓出来的，还有一小部分是在已有产业边界以外创建的，这些蓝海市场与原有红海市场或者不冲突或者冲突较小，可以说是红海市场的扩展或者助力，是温良地做加法。然而，跨界创新开辟的蓝海市场，是建立在好几个已经厮杀的血淋淋的红海市场可能会被绞杀的基础上的，是残酷的替代或者挤压。

换言之，跨界创新开辟蓝海，是以几个原本已经鲜血淋漓的红海市场的消失或者萎缩为代价的。一个蓝海市场崛起的同时，会伴随几个红海市场的瘦身甚至消失。这种蓝海市场，与原有相关行业的红海市场不是相容的，而是相克的。

因此，从红海市场和蓝海市场的角度来看，跨界颠覆的贡献是开辟了蓝海市场，代价是好几个红海市场的消失或者萎缩没落。

2. 行业洗牌的是与非

传统的行业洗牌一般指行业因环境、规则、技术、法律发生改变，或者新的强势竞争者出现，导致行业内企业的地位、竞争能力等产生了新的变化，从而颠覆了行业内部的原有秩序和企业排位，进而产生了新秩序和新排序。

跨界创新带来的行业洗牌，与传统意义上的行业洗牌不同，它不仅仅是行业内的洗牌，而是既包括行业内的洗牌也包括更具有杀伤力的行业间的洗牌。这种行业洗牌不仅颠覆行业内部的原有秩序和企业排位，更重要的是，行业间的界限被打破，会导致几个相关联的原行业消亡或者萎缩，而新行业强势崛起。新行业崛起的过程中，无论是新老企业都有机会通过研发生产跨界产品，在新行业中取得优势地位。然而，原行业的企业在这样的洗牌中，会非常被动，比传统行业内洗牌被动得多，遭受的是双重冲击，能做的只是被动应战低胜率的转型或者抓住反跨界的机会。

显然，跨界创新下的行业洗牌，对原行业和其中的原巨头，杀伤力更大，更加致命。由此产生的行业间和行业内的双重动荡，会骤然间剧烈地放大企业的经营风险、员工的就业风险、社会的稳定成本。

所以，从行业洗牌的角度来看，跨界颠覆的贡献是新行业崛起给经济注入的活力，代价是原行业和原行业巨头的双重垮塌带来的巨大风险。

3. 企业兴衰的喜与悲

企业兴衰是所有经济体中最常见的现象，每天都在发生，而且是成规模地大量发生。新企业诞生，老企业破产重组；强势企业发展壮大，弱势企业逐渐式微；朝阳产业中的优秀企业快速成长为明星企业甚至行业巨头，夕阳产业中的企业苦心经营也只能勉强维持。企业兴盛则喜，企业衰退则悲，似乎没什么新的点可以展开。

要打破上述惯性思维，仍然要从跨界创新的格局下企业兴衰的特点着手。跨界创新，点燃的是一场行业替代的战役，这场战役的性质是生死之战，这场战役中的主战双方是新旧行业的巨头。因此，跨界者精准打击的是原行业的巨头，这是一场优秀企业间的生死战役。跨界者的优势来源于跨界产品的聚合力，原行业巨头尽管非常优秀，也难逃被击败的命运。这种兴衰，是优秀企业的兴盛，也是优秀企业的衰败，是令世人扼腕叹息、叹为观止的企业兴衰。优秀企业的衰败就像一朵美丽花朵的凋零，既是凄美的，也是令人痛心的，甚至是让人无法接受的。

如果有温度、有感情地去设想一下，就会发现，优秀的大企业裁员是很可怕的，优秀的大企业倒闭就更可怕了。优秀企业的凋零，意味着一大批接受过良好教育、职场经验丰富的优秀员工将面临岗位危机，一批稳定的中产即将在社会中无根基地漂泊，这些员工的人生和心理双重崩塌的概率大幅提高。

所以，从企业兴衰的角度来看，跨界颠覆的贡献是新行业给了优秀新企业崛起的机会，代价是原行业中优秀企业凋零带来的令人伤感的诸多负面影响，例如令人难以接受的优秀员工和中产阶层的失业潮。

（二）跨界颠覆的风险识别

与传统创新形式不同的是，跨界创新导致的颠覆，破坏了相对稳定的行业生态，扰乱了企业线性成长的环境，也改变了员工在一个行业长期就业的格局，因此，全行业整体垮塌的风险剧增，企业经营风险变大，员工就业的稳定性恶化，总之，跨界颠覆导致的综合风险成倍放大。可见，跨界颠覆带来的风险，是一种复合型的风险，是多种不同类型的风险叠加在一起的风险，需要对其进行甄别，并逐一分析。

1. 行业风险

行业风险是指由于一些不确定因素的存在，导致在某行业生产、经营，或者对某行业投资、授信后，偏离预期结果而造成损失的可能性。[①] 行业风险的主要影响因素有行业寿命周期、技术革新和政策变化等。行业开创期，企业有可能获取高额利润，但风险较大；行业成长期，企业利润增长较快，风险较小；行业成熟期，企业利润难以大幅增长，风险仍然较小；行业衰退期，企业难以维持正常利润水平，且行业风险不断增大。当某行业的技术革新速率较快、技术革新广度

---

① 付文军. 论防控地方政府投融资平台风险的原则与对策［J］. 中国科技论坛，2013（09）：51 - 56.

较大、深度较深时，该行业的风险就会较大。行业风险还会受到政府的产业政策和财税政策变化等因素的影响。

跨界颠覆加剧行业风险。首先，跨界颠覆的存在，意味着不仅本行业的技术革新会加剧该行业的风险，关联行业的技术革新，也会改变跨界创新的方式，加剧该行业的风险。其次，跨界创新带来的颠覆，显然会缩短被跨界行业的寿命周期，行业衰退期会像"不速之客"一样提前到来，匪夷所思且难以预测，因此，衰退期的大风险也会不期而至。最后，跨界颠覆意味着技术革新横跨两个以上的行业，与涉及单个行业的技术革新相比，不仅广度大很多，而且深度和速度也都大幅提升，因此，被颠覆行业的行业风险会被成倍放大。

2. 企业经营风险

企业经营风险是指在企业生产经营的过程中，因为供、产、销各个环节不确定性因素的影响，导致企业价值变动的风险。影响企业经营风险的因素较多，可分为非财务因素和财务因素。非财务因素包括市场竞争及其替代性产品，行业特定风险，影响企业经营及生存的危机事件，金融市场波动，法律风险，政治风险，公司股票价格下跌，组织体系和工作流程存在的问题，员工诚信问题，科技进步所带来的风险等。财务因素包括采购风险，应收账款变现风险，存货变现风险，资本结构风险等。

从企业经营的角度分析，跨界者跨界创新成功后的重新洗牌，是非常剧烈的行业动荡，被跨界者和留守者作为被颠覆行业中的企业群体，无疑会受到很大冲击。但那些处在产业链远端甚至其他行业的企业也会受到波及，只是波及得慢一点、小一点，但是不会缺席，因为，行业重新洗牌的动荡会通过产业链和资金链进行传导。因此，跨界颠覆带来的最直观、最大的风险，就是导致企业经营的环境更加动荡，从而加剧了企业经营风险。尤其是那些处在容易被跨界颠覆的行业中的企业，就像位于地震带上的城市，在这个跨界创新一触即发的时代，面临着非常大的经营风险。

3. 投资风险

投资风险指投资者未来投资收益的不确定性，在投资中可能会遭受收益损失甚至本金损失的风险。

从股东和投资者的角度分析，跨界颠覆带来的行业动荡，导致被颠覆行业中的企业巨头崩溃、瘦身、转型的概率大幅提高。留守者和被跨界者所在的行业和产业链的没落或洗牌，加大了股票市场的投资风险。因为企业巨头衰落的概率提高和跨界颠覆导致亏损企业的占比增大这双重影响，无论是中小投资者还是大股东，其投资风险都会因此加剧。

4. 失业风险

失业指达到就业年龄且具备工作能力谋求工作，但未得到就业机会的状态。失业风险一般指劳动者失业的可能性或概率。

跨界创新时代，行业风险和企业经营风险都在增大，企业的平均寿命缩短，一份工作做到老越来越难，几乎每个人都面临失业的威胁，也会迎来多次职业转型；跨界创新时代，蓝海市场崛起的同时，原有红海市场会快速萎缩，如果你的公司不幸被时代抛弃，那么失业也就难以避免。因此，跨界颠覆导致失业风险加剧。

5. 市场风险

市场风险是指未来市场价格（利率、汇率、股票和商品的价格）的不确定性对企业实现其既定目标的不利影响。

跨界创新的颠覆是以行业为单位的，被颠覆的行业中所有企业的股价会在短期内快速下跌，行业的主要商品市场也会快速或者逐渐萎缩，导致商品价格下跌。股票价格和商品价格的双重不利波动，急剧放大了被颠覆行业中企业面临的市场风险和企业经营风险，两者交互作用，形成恶性循环。这样的局面，企业一般难以承受，往往会失去转型和反跨界的机会，甚至连喘气的时间都没有，被压垮的概率大幅提升。

6. 社会风险

社会风险是一种导致社会冲突，危及社会稳定和社会秩序的可能性。换言之，社会风险指爆发社会危机的可能性。一旦可能性变成了现实性，社会风险就转变为社会危机，对社会稳定和社会秩序都会造成灾难性的影响。

跨界颠覆带来的风险是多种风险叠加在一起的复合风险。跨界颠覆加剧了行业风险、企业经营风险、投资风险、市场风险和失业风险，这些风险同时变大就会导致社会风险随之加剧。社会风险加剧是很危险的，其意味着爆发社会危机的可能性提高，一旦可能性大到容易被触发从而变为现实性，则会对社会稳定和社会发展造成不可估量的危害。因此，从宏观审慎管理的角度来看，政府必须监控跨界颠覆加剧社会风险的程度与潜在危害。

（三）跨界颠覆的风险评估

毋庸置疑，跨界创新带来的主要风险，源于跨界创新的颠覆性，而这种颠覆性又根植于跨界创新这种创新方式的骨子里。因此，评估跨界创新带来的风险大小，自然需要从其与生俱来的颠覆性入手，展开剖析。颠覆的频率、程度、覆盖面，都是风险评估需要考虑的重要因素。

1. 跨界创新的频率与风险

跨界创新的频率，顾名思义就是指单位时间内跨界创新颠覆的次数。如果以5年为一个单位时间，则是指5年内发生过几次跨界创新带来的颠覆。单位时间内跨界创新颠覆的次数越多，则跨界创新的频率越高。

行业洗牌的速度，是指从跨界创新发生开始，到行业洗牌完成，所需要的时间。也就是一次跨界创新导致的行业洗牌所需要的时间长短，时间越短则速度越快。

从宏观视角来看，跨界创新的频率越高、行业洗牌的速度越快，则行业颠覆的冲击力和就业市场的动荡越大，社会动荡也会越剧烈，风险就越大；从微观视角来看，跨界创新的频率越高、行业洗牌的速度越快，企业面临的跨界挑战也就越严峻，企业经营风险越大，企业的平均寿命就会越短。

跨界创新并非近几年才出现的创新方式，第一次工业革命期间就曾有企业采取过这样的创新方式。为什么那时这样的创新方式没有引起这么广泛的关注和讨论呢？细细分析，原因较多，但是，其中一个很重要的原因就是，当时的跨界创新对社会的影响和冲击没有现在大。当前的跨界创新之所以影响大，是因为现在跨界创新的频率加快，爆发集中，多个行业的跨界创新叠加在一起，导致了诸多行业的洗牌，带给了大家极其震撼的心理和视觉感受。而且，众多人的直觉还在不断地提醒大家，跨界创新时代的序幕才刚刚拉开，不久的将来我们会看到更多的跨界创新。

这不仅意味着，当前跨界颠覆带来的风险显著增加，很大程度上是因为与过往的任何时代相比，跨界创新的频率和行业洗牌的速度都大大提升造成的。也意味着，未来相当长的一段时间里，颠覆和被颠覆还将继续，无论是跨界创新的频率，还是行业洗牌的速度，都没有慢下来的迹象。因此，跨界创新带来的风险，也没有丝毫减弱的迹象。

跨界创新的频率越高则行业洗牌的频率就越高，行业洗牌的速度越快则动荡越剧烈，所以说，跨界创新的频率、行业洗牌的速度和风险之间是正相关关系。

2. 跨界颠覆的程度与风险

跨界颠覆的程度，主要指跨界者跨界创新之后，原有相关行业被颠覆的程度。如果原有几个相关行业受伤程度都很深，市场萎缩得都很厉害，甚至某些行业被彻底击溃消失，则可以界定为跨界颠覆的程度深；如果原相关行业受伤程度有深有浅，受伤程度深的市场萎缩严重难以为继，受伤程度浅的市场有所萎缩但转型升级后仍然可以维持，则可界定为跨界颠覆的程度较深；如果原相关行业被颠覆后，受伤程度都不太深，虽然市场有所萎缩，但通过转型升级后原行业都尚可维持，则可以界定为跨界颠覆的程度不深。

跨界颠覆的程度越深，则风险越大。因为颠覆的程度越深，原行业、原行业中的企业、就业市场的震动就越大，动荡的级别就越高，造成的社会整体风险则越大。

从已经发生的跨界创新案例来看，跨界颠覆的程度深或者较深这两个等级的较多。颠覆就是颠覆，不会不痛不痒，无论是留守者还是被跨界者，或早或迟都将感受到切肤之痛。因此，多数跨界创新都会与较大的风险结伴现身。

3. 跨界颠覆的覆盖面与风险

跨界颠覆波及的范围越广，被颠覆的行业越多，重新洗牌的规模越大，则覆盖面越大；反之，则覆盖面越小。

显然，跨界颠覆的覆盖面越大，涉及的规模就越大，则产生的总体风险越大。整个系统中，跨界创新颠覆的所有行业都将重新洗牌，也将面临各种各样的由于各种不确定性所带来的风险。跨界颠覆涉及的行业越多，则规模越大，面临的风险种类和数量也越多，各种不确定性纵向积累、横向叠加的结果，必然导致整个系统的风险越大。因此，跨界创新颠覆的行业越多，覆盖面越大，则系统的总体风险越大；反之，则风险越小。

企业跨界创新是系统性的、应用型的原始创新，一旦创新成功，波及范围通常都不小，带来的风险同样也不会小。跨界创新的颠覆性，不仅在创新成功的初始阶段具有爆发力，而且在中后期具有持续的杀伤力，影响范围还会随着时间的推移，不断扩大。例如微信跨界到移动支付行业，双雄对峙的竞争格局加速了移动支付在中国的普及，先是银行业的信用卡和现金支付被颠覆，随着时间的推移，更多被冲击的行业浮出水面，银行 ATM 机行业的老大维珍创意宣布 2017 年净利润仅 300 多万，同比暴跌约 90%，仅仅一年时间就从金字塔尖走到了生死边缘。

（四）跨界创新的风险控制

风险控制是指风险管理者采取各种措施和方法，降低风险事件发生的概率或者减少风险事件发生时的损失。风险控制的四种基本方法是风险回避、损失控制、风险转移和风险保留。对于跨界创新产生的风险来说，这四种基本方法中的"损失控制"最有价值。跨界创新的风险控制，重在预防，重在秩序和规则的重构。

1. 跨界创新的风险回避

风险回避是指风控主体有意识地放弃风险行为，完全避免特定的风险损失。简单的风险回避是一种最消极的风险处理办法，因为风控主体在放弃风险行为的同时，往往也放弃了潜在的收益。

如果采取风险回避的方法来控制跨界创新的风险，最有效的就是立法限制跨界创新。这样的控制风险，虽然维护了行业秩序、确保了企业经营环境和员工就业环境的相对稳定，但是也限制了跨界创新可能带来的社会进步。

现实中也有国家采取类似的做法，比如欧洲的一些发达国家，就限制电子商务的发展，目的是保护实体店，保护实体店背后成千上万的就业者和他们的家庭。当然，这样做的同时，也就失去了电子商务发展的先机，失去了电子商务可带来的移动支付等新业态发展的机遇。

与之形成对比的是，处于发展中国家阵营的中国，没有限制电子商务的发展，也没有限制第三方支付行业的跨界创新，也正因如此，中国才得以超越欧美，成为移动支付行业的全球领头羊。

2. 跨界创新的损失控制

损失控制是通过制订计划和采取措施，降低损失的可能性或者减少实际损失。损失控制包括事前、事中和事后控制。事前控制主要是为了降低损失的概率，事中和事后控制主要是为了减少实际损失。[①] 该方法是风险控制中最积极的方法，也是控制跨界创新风险最积极有效的方法。

采取损失控制的方法来控制跨界创新的风险，重在事前预防，兼顾事中和事后的控制。这种方法有两个关键点，一是不阻止企业跨界创新；二是适度保护被跨界冲击的行业、企业和员工。这就需要风控主体具有高超的平衡能力，平衡地做好这两件事，既保持了经济体的创新活力，又维护了经济体和社会的相对稳定，降低了跨界创新的风险。

跨界创新风险是一种综合风险，需要从宏观上和行业层面上双管齐下，才能取得风险防控的实效。因此，国家政府和行业主管部门是跨界创新风险的风控主体。

风控主体采取损失控制的方法降低跨界创新风险的具体做法：一是预判可能被新一轮跨界创新冲击的行业；二是分析即将被跨界冲击的行业，存在哪些转型发展或者反跨界的机会；三是出台政策扶持这些行业提前做好转型发展的研发和布局；四是及时针对跨界创新企业的跨界经营行为，出台行业规范直至立法，适度限制跨界企业对被跨界行业的冲击，给后者留足转型发展的时间和空间；五是完善社会保障制度，给予因行业颠覆而失业的员工较多保障，积极对待失业人员为他们再就业提供支持；六是媒体进行正面宣传，引导社会正面对待跨界创新所带来的行业颠覆和企业没落，多点理性分析和正面鼓励。

---

① 黄少容，陈勇，苏宗敏. 财务管理［M］. 长沙：中南大学出版社，2012.

3. 跨界创新的风险转移

风险转移是指通过契约将让渡人的风险转移给受让人承担的行为。风险转移有时可大大降低经济主体的风险程度，风险转移的主要形式是合同和保险。因为跨界创新风险是一种涉及几个行业甚至整个经济体的综合风险，所以，难以通过合同和保险的方式转移。不过，也可以参照风险转移的原理，设计一些合适的方案，转移跨界创新的风险。

风控主体如果发现某个行业可能是下一轮跨界创新被颠覆的行业，可以提醒该行业的巨头，提前做好转型发展战略，将可能被冲击的业务尽快剥离，出售给其他经济体的企业。例如，IBM 预测到 PC 行业的颓势，决定实施战略调整，向高附加值的产业转型，并发展为一个全球技术服务、业务服务、系统和软件研发的企业，因此，IBM 决定出售其生产制造部门和硬件业务。IBM 于 2003 年将硬盘产品部门出售给日立，2004 年将公司的个人电脑业务和 ThinkPad 品牌卖给了联想集团，从而实现了对低利润硬件业务的剥离。不久后，智能手机的兴盛，不仅颠覆了传统手机行业的巨头，对 PC 行业的冲击也是非常剧烈的，IBM 通过出售硬件业务有效转移了跨界创新的风险。

4. 跨界创新的风险承担

风险承担也称为风险自留，是指风控主体自己非理性或理性地主动承担风险，将风险保留在风控主体内部，通过采取内部控制措施等来化解风险或者不采取任何措施，以其内部的资源来弥补损失。风险自留与其他风险对策的根本区别在于不改变风险的客观性质，既不改变风险的发生概率，也不改变风险潜在损失的严重性。对于跨界创新风险，如果风控主体认为跨界创新利大于弊，愿意承担跨界创新带来的所有风险，并以其内部资源弥补风险可能造成的所有损失。那么，这种控制跨界创新风险的方法，就叫风险承担或者风险自留。

风险承担包括无计划自留和有计划自我保险。无计划自留主要是因为没发现风险、不足额投保、保险公司未补偿损失、风险发生概率极小被忽视等。在这些情况下，一旦发生损失，风控主体必须被动地以其内部资源来加以补偿，因此，无计划自留其实不是一种风控措施。有计划自我保险是一种重要的风险管理手段。它是风控主体察觉到了风险的存在，估计到了该风险造成的预计损失，决定以其内部的资源，来对损失加以弥补的措施。如果采取风险承担的方法控制跨界创新风险，则选择有计划自我保险的方法会更加积极有效。

从国家政府和行业部门作为跨界创新风控主体的角度出发，可以考虑专门设立一个跨界创新风险基金，采取有计划自我保险的方法，用于弥补因为承担跨界创新风险而遭受损失的行业、企业和失业者。这样，实际也是从弥补风险损失方的角度，来鼓励和支持跨界创新，推动经济转型发展和社会进步，是看似被动放任实则积极有效的风控方法。

第四章　跨界创新的风口

雷军说过一句风靡网络的话，"只要站在风口，猪也能飞上天"。这句话的重点是"站在风口"，而不是"猪"。风口到底指的是什么？所谓"风口"，一般是指顺应了科技进步、社会发展、政策扶持等大趋势，从而获得高速发展机遇的产业或领域。因此，"站在风口"也就是指企业审时度势地进入了具有高速发展机遇的产业或领域。

跨界创新的风口则是指开发跨界创新产品成功概率很高的技术和产业领域。那么，跨界创新的风口有什么规律呢？如何识别未来跨界创新的风口呢？这些问题的回答至关重要。在回答这些问题之前，必须认真梳理当前科技发展的潮流和特点，方能厘清思路，从而敏锐地捕捉跨界创新的风口。

一、黑科技是飓风之源

"黑科技"一词源于动漫，是在动漫片《全金属狂潮》中首次出现的术语，原意指非人类自力研发，凌驾于人类现有的科技之上，以人类现有的世界观无法理解的神奇物。随后，黑科技一词越来越频繁地出现在其他领域的讨论或文章中，起初是忠实于动漫概念的原意，一般指超越现今人类科技或知识所能及的范畴，目前尚缺乏科学根据的科学技术或者产品。不过，随着黑科技一词在网络上的流行，黑科技的概念有所延伸。在越来越多的文章中，黑科技一词被用来指现实中超乎寻常的前沿科技，包括一切非常厉害的新技术、新工艺、新材料、新产品，例如"微软真正的黑科技 HoloLens 终于来了""盘点中国让世界为之色变的十大黑科技"，等等。

无论黑科技是指凌驾于人类现有科技知识之上的神奇技术，还是指现实中超乎寻常的前沿科技，或者两者兼具，总而言之，黑科技引领科技前沿是不争的事实。论及当今时代科技发展的前沿，脑海中自然会浮现人工智能、大数据技术、云计算、移动互联、物联网、自动驾驶、新能源、新材料等术语，这些术语描述的领域，是黑科技集中爆发、大量涌现的领域。上述领域既是当今科学技术研究的前沿，也是科技产业化的热点，因此，这些领域不断涌现的黑科技，毋庸置疑地成为这个时代产业升级和企业跨界创新的飓风之源。

（一）人工智能

人工智能既是当前最活跃的技术研发领域之一，也是当今世界可想象空间最大的技术之一，它将把人类带向何方，以人类现有的能力，无法预测。

1. 人工智能的概念

人工智能（Artificial Intelligence，AI）是在探索人类智能活动规律的基础上，通过构造具有一定智能的人工系统，研究如何应用计算机的软硬件来模拟人类某些智能行为的基本理论、方法和技术。人工智能就其本质而言，是对人的意识和思维过程的模拟。[①] 人工智能不是人的智能，而是能像人那样思考，甚至超过人的智能。

人工智能是计算机科学的一个分支，其发展史和计算机科学技术的发展史紧密相连。计算机是研究和实现人工智能的主要物质基础。除计算机科学外，人工智能还涉及信息论、控制论、自动化、仿生学、生物学、心理学、数理逻辑学、语言学、医学和哲学等多门学科，因此，人工智能属于自然科学、社会科学、技术科学的交叉学科。人工智能研究的主要内容有知识表示、自动推理和搜索方法、机器学习和知识获取、知识处理系统、自然语言理解、计算机视觉、智能机器人、自动程序设计等方面。[②]

---

① 余汉铭. 浅谈人工智能［J］. 科技创新导报，2010（25）：245.
② 陈臣，黄绍斌，周欣娟，何友鸣. 现代信息技术［M］. 成都：电子科技大学出版社，2007.

2. 人工智能的应用

人工智能技术的应用前景广阔，正在或将在机器人、机器视觉、指纹识别、人脸识别、视网膜识别、虹膜识别、专家系统、自动规划、智能搜索、定理证明、博弈、自动程序设计、智能控制、语言和图像理解、经济政治决策、遗传编程、仿真系统等领域广泛应用。

尽管人工智能的前景具有极大的想象空间，然而，现阶段的人工智能技术尚且处于婴儿期，尚未出现具有划时代意义的颠覆性的应用技术。换言之，目前现实中投入应用的人工智能类产品，仍然只具备一些智能化程度不高的弱人工智能，还不具备颠覆现有产业的能力。

当前人工智能的主要应用领域包括以下方面：一是智能家居。虽然已有扫地机器人和小度智能屏等影响较大的智能家居产品，然而整体市场的增长速度仍然非常缓慢。主要原因是人工智能技术尚且稚嫩，不足以支持开发智能程度更高、更受消费者欢迎、附加值更高的智能家居产品。二是智能医疗。目前人工智能在医疗领域起到的主要作用是辅助和监控，具体而言，就是通过开发一些智能医疗设备，提高手术的成功率、诊断的准确率和诊断速度等。三是智能家教。当前市场上正在推广的一些家教机器人，也只具备一些弱人工智能，产品功能还没强大到打动更多消费者的程度，并未引起广泛关注。随着技术的成熟，超能力的家教机器人一旦现身，人类的学习模式将会被颠覆，任性地提问、个性化地学习、随时随地的教与学将成为常态。四是智能监控和安保。近年来，越来越多的人工智能监控和安保产品投入应用，例如大城市火车站的刷脸验票机、公共区域和小区楼管的智能监控设备等。随着人工智能监控和安保设备的普及和进化，罪犯将无处可逃。五是智能制造。工业机器人的开发和应用也是人工智能应用前景最广阔的领域之一。该领域的应用目前也只处于初级阶段，仅在一些流水线作业或者搬运工作等方面代替了一部分工人。

3. 人工智能的危与机

当前，针对"应否允许机器拥有自主意识"这一问题存在诸多争议，如果使机器拥有自主意识，则意味着机器具有与人相似的创造性、自我保护意识、情感和自发行为。上述争议的焦点是人工智能的安全性。有学者认为，让计算机拥有智商是很危险的，智能机器人可能会反抗人类，多部科幻电影中也曾演绎过机器人与人类对抗的场景，机器人最终可能超越人类，甚至控制人类、毁灭人类的社会文明，结果将难以预料，极有可能出现非常可怕的失控局面。

尽管人工智能的安全问题引发了普遍的担忧，并且人工智能的应用迄今为止还处于弱智能阶段，然而，谁也不会否认人工智能的巨大发展空间，和它改变现有社会秩序的巨大潜力。在人工智能技术突飞猛进的态势下，社会和商业的每一个领域，随时都可能直面人工智能带来的颠覆与洗牌。

（二）大数据技术与云计算

大数据技术的战略意义不在于掌握庞大的数据信息，而在于如何对巨量数据进行专业化处理，也就是如何提高对数据的加工能力，通过加工实现数据的增值。

1. 大数据的定义

研究机构 Gartner 认为，大数据是海量、高增长率和多样化的信息资产，需要新处理模式才能使其为决策者增强决策力、洞察力和流程优化能力提供有效的信息。[①]

麦肯锡全球研究所认为，大数据是一种规模大到在获取、存储、管理、分析方面大大超出了传统数据库软件工具能力范围的数据集合，具有海量的数据规模、快速的数据流转、多样的数据类型和价值密度低四大特征。

2. 大数据技术与云计算

大数据技术与云计算的关系就像一枚硬币的正反面。大数据必然无法用单台计算机进行处理，必须采用分布式架构对海量数据进行分布式数据挖掘，必须依托云计算的分布式处理、分布式数据库和云存储、虚拟化技术。

大数据技术是近来的一个技术热点，但并不是什么新词。被誉为数据仓库之父的 Bill Inmon 早在 20 世纪 90 年代就经常念叨 Big Data，早先的数据库、数据仓库、数据集市等信息管理技术，主要也是为了解决大规模数据问题。然而，Big

---

① 周燕. 大数据时代背景下传媒业升级发展的路径探析［J］. 魅力中国，2018（12）：220 – 221.

Data 这一专有名词成为热点，无疑主要归功于近年来移动互联、云计算和物联网的迅猛发展。互联网线上的数以亿计的用户时刻产生着巨量的交互，无所不在的移动设备、无线射频识别和无线传感器每分每秒都在产生数据，这些数据不仅数量巨大而且速度极快，加上市场对数据处理实时性和有效性的高要求，传统常规的技术手段根本无法应对。因此，技术人员研发并采用了一批新技术，主要包括分布式缓存、基于 MPP 的分布式数据库、分布式文件系统、各种非关系型的数据库（NoSQL）分布式存储方案等。

3. 云计算和大数据技术改变世界

随着云计算和大数据技术的飞速发展，网络技术步入换代发展的转折点，新一轮信息化浪潮推动着产业链的重构，产业间正在深度融合与渗透，例如跨界竞争白热化、金融服务互联网化、电商服务 O2O 化、共享经济常态化、技术制造业服务化等。大数据正在改变着商业规则，已经成为竞争的战略资源。

创新商业思维，以大数据打造新的商业生态链，传统商业模式正遭遇前所未有的挑战。同时，大数据的挖掘、分析和科学使用，也已经成为新商业形态的重要支撑。① 因此，有效地组织管理大数据，适时地创新商业模式，已经不是单纯的大数据技术问题，而是关乎企业未来发展的战略问题。

（三）移动互联网

近几年，移动通信和互联网成为当今世界发展最快、颠覆力量最大的领域，其增长速度超出了所有预测家的预料。移动互联网正以迅雷不及掩耳之势渗透到人们生活、工作的各个领域，社交服务、网络购物、移动支付、手机游戏、视频应用、位置服务等丰富多彩的移动互联网应用迅猛发展，正持续而深刻地改变着人类的生活方式和商业生态。

1. 移动互联网的概念

移动互联网（Mobile Internet，MI）是将移动通信和互联网合二为一，从而实

---

① 李德毅. 真正的竞争是跨界创新［EB/OL］.（2013 – 07 – 14）［2020 – 12 – 30］. http：//www. scgis. net/downshow. aspx？downID = 479.

现移动互联互通的网络。换言之，移动互联网是互联网技术与移动通信技术结合并实践的产物。

移动互联网通过智能移动终端，采用移动无线通信方式获取业务和服务，它包含终端、软件和应用三个层面。终端层面包括智能手机、平板电脑、电子书、MID 等；软件层面包括操作系统、中间件、数据库和安全软件等；应用层面包括休闲娱乐类、工具媒体类、商务财经类等不同应用与服务等。

2. 移动互联网的发展

移动装置的普及是支撑移动互联网发展的关键。2018 年 6 月美国知名的皮尤研究中心发布了智能手机在各国普及率的调查结果显示，韩国以 94% 的普及率排名第一，全球平均普及率为 59%；平板电脑 2016 年的普及率是 15%，2018 年将达到 17%。根据 Zenith Media 的研究显示，移动互联网流量占互联网流量的比例在 2012 年是 40%，2016 年上升到 68%，2017 年达到 75%，移动互联网流量已占互联网流量的主导地位。

随着 4G 时代移动终端的普及，WiFi 的广泛覆盖，移动网民数量呈现出爆发增长的趋势，移动互联网及其相关产业随之迅猛发展，给众多传统产业带来极大威胁。不过，在快速发展的同时，移动互联网在移动终端、接入网络、应用服务、安全与隐私保护等方面还面临着一系列的挑战。[①]

3. 被移动互联网颠覆的时代

迄今为止，大多数其他前沿技术改变世界还是将来时，而移动互联网改变世界却是实实在在的正在进行时，改变无处不在，改变仍将持续。可以说，当前这个时代，是"互联网＋"的时代，是被移动互联网颠覆的时代。

移动互联网消费已成为互联网消费的主流，传统媒体消费生态被颠覆。2016 年移动互联网消费最多的亚洲占比已达到 73%，其次是北美为 72%。移动互联网消费的增长，移动商务和游戏类应用是主要贡献者。2017 年全球移动互联网收入达到 7000 亿美元，主要增长来自移动商务、移动应用、广告和可穿戴业务。移动应用中表现最突出的是游戏，占移动应用的比重超过了 70%，2017 年游戏

---

① 王荣康，王亚男. 移动互联网行业市场发展趋势分析 [J]. 环球市场，2018 (29)：183.

仍是移动应用收入的主要贡献者。2017 年移动广告超过固定广告，移动广告占全球互联网广告的比重达到 52%，比 2016 年的 44% 增长了 18.18%。越来越多的广告支出从电视转向数字领域，包括脸谱、SNAPCHAT 和谷歌。据 eMarketer 数据显示，2018 年全球广告支出高达 6268 亿美元，其中数字广告约 2800 亿美元，占比近 45%。

移动互联带来的颠覆无处不在。移动支付领域的支付宝和微信支付，颠覆了传统银行的现金和银行卡支付方式；移动地图领域的高德地图和百度地图，颠覆了传统纸质地图和固定地点网络地图行业；移动社交 APP 的广泛应用，颠覆了传统通信巨头的短信和通话业务。此外，购物订票、试听娱乐、网络游戏、住店打车、金融保险等，与这些消费相关的行业，无一不被移动互联所颠覆，遭遇重新洗牌。可以预见的是，随着 5G 时代的来临，移动互联带来的颠覆，仍将沿着深度和广度这两个主要维度，持续而深刻地改变这个世界。

（四）物联网

1. 物联网的概念

物联网就是物物相连、物物相息的互联网。物联网的核心和基础仍然是互联网，是互联网的延伸和扩展，其用户端延伸和扩展到所有物品，物品与物品之间进行信息交换和通信。物联网将智能感知、识别技术与普适计算等通信感知技术广泛应用于网络融合中，因此被称为继计算机、互联网之后世界信息产业发展的第三次浪潮。[1]

国际电信联盟（Iuternational Telecommunicatiou Lluion，ITU）发布的互联网报告对物联网的定义是按约定的协议，通过二维码识读设备、射频识别（Radio Frequenoy Idemtification，RFID）装置、红外感应器、全球定位系统和激光烧苗器等信息传感设备，把任何物品与互联网相连接，进行信息交换和通信，以实现智能化识别、定位、跟踪、监控和管理的一种网络。[2]

---

[1] 王密，汪玉梅. 物联网产业发展中广电网络的策略思考［J］. 中国有线电视，2019（02）：112 - 115.

[2] 国际电信联盟. ITU 互联网报告 2005：物联网［R］. 信息社会世界峰会，2005.

2. 物联网应用中的三项关键技术

一是传感器技术，到目前为止绝大部分计算机处理的都是数字信号，自从有计算机以来，就需要传感器把模拟信号转换成数字信号，计算机才能进行处理。

二是 RFID 标签，将无线射频技术和嵌入式技术融合为一体的综合技术，在自动识别和物品物流管理领域的应用前景广阔。

三是嵌入式系统技术，是综合了计算机软硬件、传感器技术、集成电路技术、电子应用技术为一体的复杂技术。借用人体来简单比喻物联网，传感器相当于人的眼睛、鼻子、皮肤等感官，网络相当于神经系统用来传递信息，嵌入式系统则是人的大脑，在接收到信息后要进行分类处理。这个例子形象地描述了传感器、嵌入式系统在物联网中的地位与作用。[①]

3. 物联网的应用

物联网用途广泛，遍及智能交通、环境保护、政府工作、公共安全、平安家居、智能消防、工业监测、环境监测、路灯照明管控、景观照明管控、楼宇照明管控、广场照明管控、老人护理、个人健康、花卉栽培、水系监测、食品溯源、敌情侦查和情报搜集等多个领域。[②]

物联网将是下一个推动世界高速发展的"重要生产力"，是继通信网之后的另一个万亿级市场。美国、欧盟等都在斥巨资深入研究物联网，我国也非常重视物联网的研究。物联网普及后，用于动植物、机器和物品的传感器与电子标签等产品的数量将大大超过手机的数量。物联网的推广将会成为推进经济发展的又一个驱动器，为产业开拓了又一个潜力无穷的发展机会。

（五）自动驾驶汽车

1. 自动驾驶汽车的定义

自动驾驶汽车（Autonomous Vehicles）又称无人驾驶汽车、电脑驾驶汽车或轮式移动机器人，依靠人工智能、视觉计算、雷达、监控装置和全球定位系统协

---

① 朱雨萌. 基于物联网的服务提交关键技术与系统的研究［J］. 建筑工程技术与设计，2018（22）：873.

② 朱念顺. 物联网时代小区智能化系统设计探析［J］. 北方建筑，2018（04）：25–28.

同合作，让电脑可以在不依赖任何人类主动的操作下，自动安全地操作机动车辆。

2. 自动驾驶汽车的发展历程

自动驾驶汽车已有数十年的发展史，近几年才开始呈现接近实用化的趋势。

2012 年 5 月谷歌自动驾驶汽车获得了美国首个自动驾驶车辆许可证；

2014 年 4 月，中国搜索引擎巨头百度公司与宝马宣布开始自动驾驶研究项目，并在北京和上海路况复杂的高速公路上进行测试；

2014 年 12 月，谷歌首次展示自动驾驶原型车成品，该车可全功能运行；

2015 年 5 月，谷歌宣布将于 2015 年夏天在加利福尼亚州山景城的公路上测试其自动驾驶汽车[①]；

2015 年 6 月 11 日，百度公司表示正与德国宝马汽车公司合作开发自动驾驶汽车，计划于 2015 年晚些时候在中国推出原型车进行路试；

2017 年 12 月 2 日，由海梁科技携手深圳巴士集团、深圳福田区政府、安凯客车、东风襄旅、速腾聚创、中兴通信、南方科技大学、北京理工大学、北京联合大学联合打造的自动驾驶客运巴士——阿尔法巴（Alphabus）正式在深圳福田保税区的开放道路上进行线路的信息采集和试运行[②]；

2017 年 12 月，北京市交通委联合北京市公安交管局、北京市经济信息委等部门，制定发布了《北京市关于加快推进自动驾驶车辆道路测试有关工作的指导意见（试行）》和《北京市自动驾驶车辆道路测试管理实施细则（试行）》两个文件；

2018 年 12 月 28 日，百度 Apollo 自动驾驶全场景车队在长沙高速上行驶；

2019 年 9 月 22 日，国家智能网联汽车（武汉）测试示范区正式揭牌，百度、海梁科技、深兰科技等企业获得武汉市交通运输部门颁发的全球首张自动驾驶车辆商用牌照[③]；

2019 年 9 月 26 日，百度在长沙宣布，自动驾驶出租车队 Robotaxi 试运营正

① 赵铭炎. 浅析人工智能在自动驾驶中的应用［J］. 中国新通信，2019（05）：112 – 113.
② 《汽车与安全》编辑部. 自动驾驶汽车的概念和历史［J］. 汽车与安全，2018（03）：13 – 15.
③ 甄文媛. 国内掀起自动驾驶测试示范区兴建潮［J］. 汽车纵横，2019（11）：26 – 28.

式开启。首批 45 辆 Apollo 与一汽红旗联合研发的"红旗 EV"Robotaxi 车队在长沙部分已开放测试路段上开始试运营。

3. 自动驾驶汽车的前景

2013 年 12 月 31 日，全球知名经济咨询机构 IHS 环球透视汽车部门预测，2025 年全球自动驾驶汽车销量将占汽车总销量的 0.2%，2035 年随着无人驾驶变成现实，这一数字将上升到 9.2%。预计至 2035 年自动驾驶汽车全球总销量将由 2025 年的 23 万辆上升至 1180 万辆，截至 2035 年全球将拥有近 5400 万辆自动驾驶汽车。而无人驾驶的全自动化汽车将于 2030 年左右面世。研究还预测，到 2050 年之后，几乎所有汽车都将是自动驾驶汽车。

自动驾驶汽车对社会、驾驶员和行人均有益处。自动驾驶汽车的交通事故发生率几乎可以下降至零，即使受其他汽车交通事故发生率的干扰，自动驾驶汽车市场份额的高速增长也会使整体交通事故发生率稳步下降。自动驾驶汽车的行驶模式可以更加节能高效，因此交通拥堵及对空气的污染将得以减弱。无人驾驶汽车的普及将意味着政府对超宽车道、护栏、减速带、宽路肩甚至停止标志等交通基础设施的投入可以大大减少。[①]

（六）智能制造

智能制造（Intelligent Manufacturing，IM）源于人工智能的研究。智能制造基于智能机器和人类专家共同组成的人机一体化智能系统，把制造自动化扩展到柔性化、智能化和高度集成化。智能系统在制造过程中能进行分析、推理、判断、构思和决策等智能活动，智能制造通过人与智能机器的合作共事，去扩大、延伸和部分地取代人类专家在制造过程中的脑力劳动。

制造业的现代化可分为机械化、电气化、数字化和智能化四个阶段，各阶段分别对应的是蒸汽机技术、电动机技术、数控技术和智能技术。当今时代，通过先进制造技术与信息技术的深度融合，实现数字化、智能化制造，是制造科学的

---

① 李换平. 汽车云计划下城市自动驾驶车辆调度研究［D］. 哈尔滨：哈尔滨工业大学硕士学位，2015.

研究前沿。① 因此，必须革新传统制造的科学基础、技术体系与应用模式，使制造技术从"经验试凑"转向"科学计算"，从而实现基于科学的制造。

二、识别跨界创新的风口

那么，怎么识别跨界创新的风口，从而抓住跨界创新的机遇呢？根据前文的理论研究和案例分析，显然，风口的识别是有迹可循的，并非完全茫然与盲目的。沿着技术成长的周期、跨界创新产品的特点、消费者需求的潜力等线索剖析，可以捕捉跨界创新的风口。

（一）技术成长的周期与阶段

1. 技术成长周期与跨界创新能力

黑科技是跨界创新的飓风之源，但是，每个技术领域的黑科技显然都有技术成长周期，黑科技在周期的不同阶段，孕育跨界创新产品的能力是有较大差异的，并非每个阶段都具有支撑风口的能量。而且，不同技术领域的黑科技也不会同步成长，往往分别按照自身的成长规律处于相应的阶段，因此，当一个跨界创新产品同时需要几个技术领域的黑科技时，会受到成长最滞后的技术领域的制约。

综合考虑黑科技的研发和应用状况，可以将技术成长周期分为婴儿期、少年期、青年期和成熟期。然后，依据某个技术领域关键技术的数量、可靠度、关联度、成熟度和应用效果等指标，计量并分析判断该领域的黑科技所处的成长阶段。显然，前沿技术领域的黑科技应该处于技术成长周期的婴儿期、少年期或青年期，关键技术进入成熟期的领域一般来说不再属于前沿领域。追踪跨界创新的风口，必须聚焦前沿技术所在的领域，因此，接下来分析的重点就是区分婴儿期、成长期和青年期的黑科技有何不同。

① 周济，李晓红．卷首语［J］．中国工程科学，2018（04）：3.

有趣的是，针对前文所列的几个高新技术领域的黑科技，分别界定其成长阶段后，再依次分析各个领域的技术孕育跨界创新产品的现状、跨界创新的能力和潜力，潜藏的奥秘似乎已水落石出（见表4－1）。

表4－1　黑科技的技术成长阶段与跨界创新能力

黑科技　　　　　指标	技术成长阶段	跨界创新产品	跨界创新	
			能力	潜力
人工智能	婴儿期	暂无	弱	很大
大数据技术/云计算	少年期	Facebook 等	较强	大
移动互联	青年期	微信支付等	强	较大
物联网	婴儿期	暂无	弱	很大
自动驾驶汽车	婴儿期	暂无	弱	很大

根据表4－1可知，对某一个具体的高新技术领域而言，黑科技在不同的技术成长阶段，孕育跨界创新产品的能力和潜力是不同的。具体分析如下：

（1）技术处于婴儿期时，孕育跨界创新产品的能力弱，但潜力很大。一般情况下暂时没有跨界创新产品。人工智能、物联网和自动驾驶汽车等技术领域，目前的关键技术还处于婴儿期，所以，如果某些跨界创新产品需要这些领域的技术支持，还需要等待更好的时机。

（2）技术处于少年期时，孕育跨界创新产品的能力较强，潜力大。通常已有优秀的公司抓住了机会，开发出了跨界创新的产品。Facebook、Airbnb 和 Uber 就是在大数据和移动互联技术均处于少年期之际，被开发并投向市场的。随着技术的进步，这些初创的跨界创新产品的性能不断完善，成长为影响力巨大的品牌，也吸引了各国的企业跟随模仿，开发出类似的产品参与竞争。

（3）技术处于青年期时，孕育跨界创新产品的能力处于巅峰期。这个阶段，已有较多的公司捕捉到该类技术创造的跨界创新机遇，开发了较多不同类型的跨界创新产品，而且这些产品的性能随着技术进步不断优化。但与此同时，该类技术孕育跨界产品的潜力下降，与该类技术相关的跨界风口竞争日趋激烈，跨界产品市场开始呈现红海市场特征。微信支付就是在移动互联技术处于青年期时崛起的，微信支付抓住机遇进行营销推广，并运用相对较成熟的技术不断改善产品性能，迅速成为与支付宝比肩的"移动支付双雄"之一。

（4）当技术开始进入成熟期时，孕育跨界创新的能力急剧下降，潜力基本消失。

2. 技术成长阶段与跨界创新成功率

企业在权衡是否跨界创新时，必须认真分析跨界创新产品的支撑技术的成长阶段，因为，在技术成长的不同阶段，跨界创新的成功率存在明显的差异。黑科技的技术成长阶段与跨界创新成功率之间关系见表4-2。

表4-2　黑科技的技术成长阶段与跨界创新成功率

技术成长阶段	跨界创新成功率
婴儿期	很低
少年期	较高
青年期	高

（1）婴儿期。如果开发跨界创新产品所需要的关键技术尚处于婴儿期，则企业跨界创新成功的概率很低。尽管概率很低，但是这个世界总有走在时代前列的先驱和英雄，他们本着对创新的热爱和执着，不断尝试研发新技术和新产品，在大量经费投入和不断试错的循环中，推动该领域的关键技术慢慢成长到婴儿期的后期。这种情况下，概率虽小但依然可能的成功模式是，跨界企业的研发能力很强，在关键技术上处于世界领先地位，可以引领该技术领域从婴儿期步入少年期，跨界产品开发成功的同时，也是该产品的核心技术少年初长成之日。

（2）少年期。如果跨界创新所需核心技术处于少年期，则企业开发跨界创新产品的成功概率较高。少年期的核心技术，就像少年一样，既有未来的无限可能，又有初长成的可靠性；既可以担负跨界产品的技术支撑，又有创新需要的新颖性和可塑性。企业依赖少年期的核心技术开发跨界创新产品，强大的技术开发实力、敏锐的市场洞察力和卓越的产品设计能力，都是决定跨界创新能否成功的关键。选择在这个时期跨界创新，很多时候还要有点上天眷顾的运气。因此，在技术的少年期进行跨界创新，虽然成功的概率较高，但也绝非"只要站在风口，猪也能飞上天"。

（3）青年期。如果支撑跨界创新的黑科技已处于青年期，则企业开发跨界创新产品的成功概率高。当某一高新技术领域的黑科技处于青年期时，正是这个领域的商业机会迸发之际。青年期的黑科技，不仅技术的绝对量、可靠性、相互关联度和成熟度均已相当高，更重要的是，放眼望去，仍有大量的商业领域尚未应用过这些技术。换言之，对于青年期的黑科技来说，可开垦的商业处女地依然很多。因此，企业应用青年期的黑科技开发跨界创新产品时，由于技术成熟度高和商业处女地多，所以成功概率最高。这种情况下，企业开发跨界创新产品，比的不是技术，而是市场洞察力、产品设计能力和客户心理诉求的感知力等商业能力。

3. 技术成长周期与跨界创新风口

跨界创新的风口在哪里？沿着技术成长周期的逻辑思路展开。某一技术领域的黑科技即将从婴儿期成长为少年期时，已经开始具有风口的特质了；处于少年期时，已成为风力较强的风口；处于青年期时，便是风力最强的风口。

跨界创新产品，很多时候，并不是只依赖某一个科技领域的技术，而是同时需要多个领域的技术。因此，当某类跨界创新产品所需要的技术都处于少年期或青年期时，这类跨界创新产品就处在一个风力强劲的复合风口上。

当前的跨界创新风口在哪里？在表4-1所列的五个技术领域中，大数据技术和云计算领域的黑科技处于少年期，移动互联网领域的黑科技处于青年期，因此，迄今为止，影响力大的跨界创新产品基本都是依赖这两个领域的技术开发成功的，这两个领域依然是跨界创新的风口或复合风口。

不久的未来将出现的跨界创新风口在哪里？目前技术尚处于婴儿期的人工智能、物联网和自动驾驶领域，一旦出现具有划时代意义的黑科技，就会从婴儿期成长到少年期，所以，这些领域似乎时刻准备着闪亮登场，成为新的风口。

（二）跨界创新产品的特点

新技术是跨界创新的必要条件，但并非充分条件。跨界创新风口的识别，显然不能仅仅依据黑科技的成长周期这个线索，跨界创新产品的特点，也是企业捕捉风口的重要线索之一。

1. 跨界创新产品的特点与风口

跨界创新产品最典型的特点就是集成了两个以上原行业产品的功能，这个特点是跨界创新产品能够颠覆原行业、开创新蓝海的力量之源。成功的跨界创新产品，如智能手机和微信支付，都集成了好几个原行业产品的功能，所以市场竞争力非同寻常，颠覆力量异常强大。

跨界创新风口的形成，需要来自多方的力量。黑科技是促成风口的技术力量，跨界创新产品是促成风口的市场力量。如果没有市场需求旺盛的跨界创新产品，就不会有企业、投资者和消费者的关注，风口根本无从谈起。

跨界创新的风口在哪里？沿着跨界产品的特点这一线索分析，风口就在以消费者喜爱的跨界产品为核心，以新产业和产业链为外延的领域之内。还处于理念和构想阶段的跨界创新产品，一旦被先知先觉者感知，继而被业界普遍认同，资金、技术、人才就会快速向这个风口聚集，风口就会火起来。智能手机和移动支付的风口，就是这样火的。

按照这个思路，捕捉下一个跨界创新的风口，自然要从未来可能出现的最受消费者喜爱的跨界创新产品着手。未来的跨界创新产品，又可以分为即将出现和还需较长时间才能出现这两类，显然，前者更有商业价值，会更快形成风口。

当我们开启头脑畅想模式，尝试着想象和预测未来的跨界创新产品之时，就会发现，最需要也最值得倚重的推理逻辑依据就是，跨界创新产品的典型特点这个线索。因此，企业在追踪跨界创新风口的过程中，必须仔细揣摩"跨界创新产品的特点"这个逻辑主线。

2. 未来的跨界创新产品

未来的跨界创新产品，唯有对消费者具有很强的吸引力，能够撬开一个足够大的蓝海市场，才具备成为下一个跨界创新风口的特质。满足这些条件的未来的跨界创新产品，通常都是当前广受消费者喜爱、市场规模足够大的两个以上产品的集成品，集成了当前两个以上畅销产品的功能。

依据跨界创新产品的典型特点和未来跨界产品的特质，借助头脑风暴等方法，可以畅想未来的跨界创新产品，比如智能宠物、新能源智能房车等。

智能宠物具备未来跨界创新产品的特质吗？具备，直观感觉是"具备"的，逻辑推理的结论也是"具备"的。得到这样答案的同时，眼前浮现出电影《疯狂动物城》的画面，心中夹杂着家中宠养泰迪狗的细腻体验。宠物市场很大，智能宠物如果能够兼具宠物的可爱、家庭教师的渊博和智能手机的部分功能，必将广受消费者的欢迎，或将撬开一个类似智能手机级别的蓝海市场。

新能源智能房车呢？看过宫崎骏的动漫《哈尔的移动城堡》后，就一直在想，应该有许多人都喜爱动漫中那个神奇的移动城堡。如果科技发展到某一天，人类有足够的能力，可以制造出一台智能的移动房车，房车里都是智能设施，依靠新能源蓄能，在里面生活可以无间断地享受智能化服务，边走边欣赏世界各地的风光。那么，这个既是房又是车的跨界创新产品，集成了迄今为止人类生活中需求量级最高的两个商品的功能，似乎不难想象，一旦时机成熟、研发成功，必将在市场中掀起一阵飓风，爆发出颠覆市场和旧产业的惊人力量。

未来的跨界创新产品属于未来，也属于先知先觉的智者。未来的跨界创新产品也许还有很多，但真正量级高、影响力大、颠覆力强的数量有限，也有规律可循，是可以提前预测的。未来的跨界创新产品何时能够形成风口，还需等待开发该产品所需要的黑科技成长到足够强壮之时。

3. 跨界创新风口的时机

"对的时间遇到对的人，对的时间做了对的事。"这句话形容的是精准把握时机的重要性。沿着跨界创新产品的典型特点这条逻辑主线分析，可以发现跨界创新的风口，但是，这种方法发现的风口大多都是未来的风口，其中许多风口的时机还远未成熟。因此，需要对这些未来风口进行甄别，以便把握风口出现的最有利时机。

判断跨界创新风口演变的时间节点和周期规律，既要根据跨界创新产品的特点分析市场需求的变化趋势，更要考虑支撑跨界产品开发的核心技术的成长周期，两者共同决定了风口成熟的时机和风口所处的阶段。在表4-3中，纵向列举了智能手机、移动支付APP、可穿戴智能机、智能宠物、新能源智能房车等跨界创新产品，横向是开发或升级这些产品所需的核心技术的成长阶段，表4-3

中对于各个跨界创新产品的风口所处阶段的判断和描述，依据的是开发该产品所需要的核心技术的成长阶段，以及该产品市场需求的变化趋势。

表4-3　跨界创新风口的时机判断（举例说明）

跨界创新产品　　　核心技术	成长的阶段		
	婴儿期	少年期	青年期
智能手机			即将消退的风口
移动支付 APP		热度降低的风口	
可穿戴智能机	即将出现的风口		
智能宠物	未来的风口		
新能源智能房车	未来的风口		

　　智能手机是迄今为止人类历史上最经典、最具影响力的跨界创新产品，这个风口的强风也持续了很多年。苹果公司推出 iPhone 的前一年和后五年，可以说是智能手机的风口正劲的时期，也是移动网络和大数据技术迅猛发展，从婴儿期进入少年期的时期。智能手机的成功，与移动网络、大数据和云计算技术的快速发展，相辅相成、相得益彰。从 iPhone 诞生之日的前一年 2006 年算起，截至 2015 年 iPhone 6 投放市场，这个风口的强风吹了九年。然而，从 2015 年下半年开始，随着越来越多的竞争者进入智能手机市场，再加上智能手机的换代升级产品对消费者的吸引力下降，这个曾经的史诗级风口，迄今也只不过还余下些微微的风而已，和并非风口的其他科技产业已无明显差异。智能手机市场不再是典型的蓝海市场，已经开始出现红海市场的特征。智能手机的风口虽然即将消退，带给大家的启示却发人深省，为世人探索下一个高规格的风口，留下了诸多可借鉴的经验。

　　移动支付的风口，同样得益于移动网络和大数据技术的发展。跨界创新之初，微信支付和支付宝只是分别着眼于集成"移动社交网络"和"移动支付"这两大类产品的功能。随着 4G 网络的普及，移动网速和大数据处理能力均得以大幅提升，支付宝和微信持续不断地集成多种功能各异的小程序，互联网金融服务、手机充值、生活缴费、订购火车票机票、滴滴出行、订外卖、订酒店、吃喝玩乐等多种功能的产品被集成到这两个超级 APP 之中。应该说，移动支付这个风口的热度已在降低，但是并未消退。随着 5G 技术的应用和普及，成长于移动支付这个沃土的支付宝和微信两大 APP，还将继续集成更多的服务功能，百度和携程等互联网公司也不甘落后，正在紧锣密鼓地通过开发互联网金融产品、集成更多的小程序等策略，做强移动 APP，剑指未来的超级 APP 之争。

智能宠物是未来的跨界创新风口。智能宠物不仅具有跨界创新产品的经典特征，还具有足够大的市场潜力，足以形成一个风力强劲的跨界创新风口。但是，人工智能技术尚且处于婴儿期，开发智能宠物主要的支撑技术就是人工智能技术，所以，目前没有能力开发出市场认可的智能宠物。喜爱宠物的消费者对宠物的需求是一种很细腻的情感需求，低端的智能产品无法满足这样的需求，因此，这个风口形成的时机并未成熟。

新能源智能房车也是未来的跨界创新风口。开发该产品所需要的人工智能、物联网、新能源汽车和自动驾驶等技术，大多还处于婴儿期。换言之，目前还无法开发出令消费者满意的新能源智能房车，这个跨界创新的风口再诱人，也只能等待相关技术成长后的重要时机出现。

分析至此，出现了困扰笔者的问题，有没有即将出现的跨界创新产品呢？可不可以锁定一个不久就会风靡的，影响力堪比智能手机的跨界创新产品呢？随着柔性屏技术的进步，是否可以把智能手机做得更有趣点，再集成一些其他产品的功能，形成一个新的跨界创新风口呢？苦思冥想的结论是："可穿戴智能机"即将登场，可以担此重任。

可穿戴智能机是即将出现的风口。这样设想一下，如果智能机不再需要拿在手上，而是可以别在衣服上、吸附在手提包或者背包上、贴在袖子上、做成各种饰品戴在身上，这样的智能机就不再是手机，而是摇身一变成为"可穿戴智能机"。目测这将会是下一个经典的跨界创新产品，它可以继承智能手机的所有功能，但又比手机携带方便，还可以在手机所有功能的基础上，集成可穿戴产品、iPad 和 iWatch 的功能，产品也可以根据消费者的偏好，外观设计得更加个性化，类别更丰富。判断该产品风口成熟的时机，主要依据柔性屏技术的发展进程，当然，也需要关注配套芯片、柔性材料等关联技术的开发能力。事实上，可穿戴智能机应该是介于智能手机和智能宠物之间的产品，这三个跨界创新产品之间有较强的传承和进化关系。

如果这世间存在即将出现的跨界创新超级风口，那么，兼具商业谋略和技术能力的企业家们，还在等什么呢？

（三）消费者需求的潜力

依据"技术成长的周期"和"跨界创新产品的特点"这两大线索，不仅可以发现未来跨界创新的风口，还能判断风口成熟的时机，粗线条地看，似乎识别风口的工作已经完成，不再需要其他分析线索了。然而，仔细思量便会察觉，消费者需求是跨界创新产品开发的出发点和归宿，如果依据其他线索捕捉的风口，经不住消费者需求的检验，终究也不过是个"伪风口"，因此，识别风口必须考虑消费者需求这条逻辑线索。

既然消费者需求是识别跨界创新风口必须考虑的线索，那么，消费者需求在风口识别中主要起什么作用呢？认真思考发现，主要可起到检验风口的真伪、判断风口的量级、排查不易发现的风口等作用。

1. 跨界创新风口的真伪检验

依据"跨界创新产品的特点"这个线索，来推测未来的跨界创新产品，其实也并非没考虑消费者需求这个因素，只是采取的是简单粗暴的方式，认为跨界产品只要集成了受消费者欢迎的两个以上产品的功能，必然会受到消费者的喜爱，并且市场很大。

事实上，消费者心理是细腻的、微妙的，从产品集成的逻辑出发推测的未来跨界产品，能否被消费者喜爱和接受，是否真能形成风口，还是需要通过调查分析消费者的数据来检验的。

"跨界创新产品的特点"和"消费者需求的潜力"是两个不同的逻辑主线，目的都是发现"未来的跨界创新产品"，主要区别是分析的出发点、使用的方法和发挥的作用不同，前者是通过逻辑推理得出结论，后者是通过消费者调查检验真伪。

当然，通过消费者调查来验证未来跨界产品的真伪，实际上是对"概念产品"的前期调查，并非针对真实产品的消费者调研，所以，这种验证真伪的方式也是一种"预验证"。验证结论参考的价值尽管较高，但也不是绝对可靠。

2. 跨界创新风口的量级

跨界创新的风口也有量级大小之分，有影响力大、颠覆力强的高级风口，也有颠覆力较弱的次级风口，还有一些影响力不大的小风口。因为高级风口和小风口的价值不可同日而语，所以，在识别风口这件事情上，判断风口的量级，是很重要的一个环节。

消费者需求的潜力大小，是判断风口量级的最重要的依据。简言之，风口量级与消费者需求潜力呈正相关关系，而且相关系数高。所以，判断风口的量级大小，必然要从分析跨界创新产品的消费者需求潜力入手。通过调查分析，预测开启风口的跨界创新产品的潜在需求量，从而判断风口的量级和影响力大小。

可以通过设计调查问卷和访谈方案，将未来跨界创新产品的特点介绍清楚，调查消费者是否愿意购买该产品、愿意接受多高的售价、有什么其他建议等，然后根据调查结果，分析判断该产品受消费者欢迎的程度和潜在市场的大小。

受欢迎程度高、潜在市场大的未来跨界产品，必将形成一个量级很高的风口。这样的风口，会促成一个大格局的跨界颠覆和产业变迁，在给跨界者带来巨大机遇的同时，也将成为无数企业的噩梦。

消费者群体小、潜在市场较小的未来跨界产品，形成的风口量级自然较小。这样的风口，对跨界者而言是个机会，但是不会成就令世人瞩目的跨界者，对原产业的颠覆和冲击，也相对较弱。

3. 排查不易发现的风口

在做消费者调查的过程中，对收集的问卷和访谈记录进行认真分析后，往往会发现一些有价值且意想不到的信息，这些信息能够帮助决策者发现其他逻辑推理不易发现的风口。

从产品的逻辑出发预测风口，是从上而下的、粗线条的推理，甚至依赖一些直觉，所以既有粗放的问题也有些主观臆断的成分，往往只能推断出一些容易被发现的、量级大的风口，还容易产生误判。

从消费者调查出发预测风口，是接地气的、细致入微的收集信息和归纳分析，既可以检验其他方法预测的风口的真伪，也可以发现有价值的信息，帮助决策者打开新思路，找到新线索，进而发现一些不易发现的风口。

因此，在预判风口时，必须设计科学合理的消费者调查方案，开展卓有成效的问卷调查和访谈，收集大量有利于决策的有效信息，提高风口预判的正确率、精准度和覆盖率，尽量做到不误判、不粗判、不漏判。

三、跨界创新风口的博弈

对企业而言，找准跨界创新的风口固然重要，在风口的博弈中脱颖而出，历久弥新，成长为行业巨头，更加重要。跨界创新风口的博弈，既激烈又微妙，激烈中散发着丝丝撩人的微妙，微妙中又燃烧着竭力争先的烈焰。要在这场风口的博弈中过关斩将，成为新行业的巨头，既需要谋略、勇气和实力，也需要天时、地利和人和的运气。

（一）站在跨界创新的风口

发现了跨界创新的风口，是否就应该选择站在风口？站在跨界创新的风口，是否就能飞起来？风口的企业，怎样才能飞得更久？怎样才能飞到最后，成长为新行业的巨头呢？这是企业在选择是否参与风口的博弈时，必然会思考的一系列问题。

1. 是否选择站在风口

风口从来不缺企业，是否选择站在风口，最终，还是要看实力。因为，行业巨头只有几个，初创企业却总是倒了一批又一批。

如果企业原本就是很优秀的科技公司，一旦发现与公司产品和技术契合度高的跨界创新风口，那么，不要迟疑，选择站在风口，参与博弈。这主要基于两方面的原因：一方面，科技实力雄厚的大公司，参与跨界创新博弈，相对于中小公司和初创公司而言，成功概率要高得多；另一方面，如果不选择参与风口的博弈，最终将陷入被跨界或被留守的局面，结局非常被动。

如果企业是初创公司，则要认真评估自己的核心竞争力。风口虽然热闹，但风口的竞争也更激烈。风口虽然深受风险资本和科技人才的眷顾，但风速变缓时先退场的，往往都是缺乏核心竞争力的初创公司。

2. 站在风口就能飞吗

站在风口的企业，都能飞一阵子。因为在风口的风力最强劲时，有翅膀和没翅膀的企业，都会被风吹得起飞。风口不仅吸引了大量的企业参与博弈，也聚集了大量的风险投资、技术和管理人才。风口最火爆时，企业躺在风口上，都会有投资者砸钱，想不飞都难。

然而，长不出翅膀的企业，飞得再高也会坠落。对站在风口的企业来说，翅膀就是开发跨界创新产品的核心技术优势、洞悉市场的能力、品牌影响力等。当风口的风力慢慢减弱时，掉下来的企业，都是还没长出翅膀的。如果企业沉醉于风口的便利和喧嚣，盲目乐观地融资、招兵买马、扩大企业规模，却疏于修炼内功，没能长出翅膀，当风力减弱时，就会飞得越高，摔得越惨。

唯有长出翅膀，才能继续在风中飞翔。风力强劲时，如果能在趋势而飞的过程中，加强内功的修炼，长出翅膀，那么，风力减弱时，就可以扇动自己的翅膀，继续飞翔。

3. 谁能飞得更久

唯有实力足够强、功夫足够真、翅膀足够硬的企业，才能在风口飞得更久。

对风口的企业而言，看似"顺风起舞巧借力"，实则"风中竞争藏玄机"。风口的竞争，是潜藏在风中的竞争，风大时容易迷失，风力减弱时已来不及补救。因此，风口的竞争尽管被风掩盖，多了一份迷惑人的诡秘，但只会比非风口的竞争更激烈。

顺风而起不是结束，风力散去方见真功。等风来，顺风起舞，等风停，一身真功。在风起时，及时选择正确的方向和趋势，一身胆识，站上风口；在风劲时，抓住机遇，苦练内功，提升实力，用心把企业做大做强，实实在在地站在风口；在风弱时，足够优秀，抢占先机，成为风口的亮丽风景，从容优雅地矗立风口。

显然，只有抓住风口的机遇，及时练就一身真功夫，翅膀长到足够硬的企业，才不需要凭借风力飞翔，而是无论风力强弱都能飞翔，自主地在空中飞翔。即使站在风口，也只有真正的强者，才能飞得更久。

4. 谁能飞到最后

唯有真正的强者才能飞得更久，那么，这样的强者中，谁能飞到最后呢？

能够飞到最后的强者，往往既是功夫过硬、实力超群的强者，也是占尽天时、地利和人和的幸运者。

很多强者，可能缺了那么一点运气，会在最后的竞争中，败下阵来。

当然，运气也并非空穴来风，运气可能就潜藏在企业的决策和行动细节中。在终场的强者竞争来临之前，如果企业能够更加紧密地贴近市场，及时跟进消费者需求的微妙变化，快速回应消费者的诉求，精益化地完善跨界创新产品，也许不经意间，就成了运气最好的强者。

（二）不同时期的风口博弈

按照风口演变的过程和不同阶段的特点，可将跨界创新的风口分为起风前、起风时、风正劲、风减速、风平稳等依次演进的几个时期。每个时期都有企业进入风口参与博弈，皆有成败，并非介入越早成功率就越高。

那么，不同阶段的博弈有何差异？企业应该何时进入风口参与博弈呢？

1. 起风前的博弈

风口在起风前，不能被称为风口，只能叫未来的风口。未来的风口，就是明知道那里是个风口，但因时机还不成熟，还没到起风时。

起风前，围绕着未来的风口，博弈已经开始。可以想象，明知道那里有个风口，尽管时机还不成熟，又怎么可能无动于衷呢?! 那么，是谁会按捺不住，在起风前就开始布局并行动呢？有能力预测未来风口，而且还敢于在起风前就进场博弈的，一般是有实力的大型科技公司。显然，并非所有实力强的科技公司都会在早期进入某个未来风口，先知先觉并果敢行动的，是那些早期介入对自身更有利的大公司，这些公司选择主动跨界，是为了避免将来陷入被动的防守。进一步缩小视野后会发现，主营产品与未来风口产品的技术和市场关联度高的大公司，是率先进场博弈的先行者。

起风前风口博弈的主流模式：博弈者呈现"各自为战，技术竞赛"的状态。从投入大量研发经费，成立专门的项目研发小组，不断积累核心技术专利，直到研发生产试用产品和早期产品。整个过程紧锣密鼓，但又似乎悄无声息。这个阶段的博弈，本质上是一场围绕未来风口的技术积累竞赛，主要看谁拥有的核心技术多，谁的专利多，谁先开发出试用产品，谁的早期产品性能好，能被市场认可，继而引爆跨界创新风口的风。

事实上，在起风前进场博弈的企业，既是先驱者，也是成就风口的奉献者。它们为跨界创新产品所付出的心血，很多时候远远大于回报。

2. 起风时的博弈

跨界创新的风口开始起风之日，就是未来风口转变为正式风口之时，早期产品被广泛认可是这个节点最典型的标志性事件。换句话说，跨界创新的早期产品引爆媒体之日，一般就是风口起风，正式成为风口之时。

被市场广泛认可的早期产品一旦面世，各路媒体围绕跨界创新产品的报道和讨论便火速升温。与媒体升温同步进行的是消费者对跨界创新产品的了解多了，向风口快速聚集的风险投资多了，向风口流动的技术人才多了，向风口倾斜的产业扶持和人才培养等政策也多了。总之，风口起风了，风口火起来了。

媒体热炒之下，资金、人才等大量资源迅速向风口聚集。企业唯恐错过借助风口热度发展企业、抢抓新蓝海的机遇，鱼贯而入，争先恐后地加入了风口的博弈。刚刚起风的风口，仿佛一夜间挤满了新进入的企业，熙熙攘攘，鱼龙混杂。

大公司跑步进场，参与博弈。很多大公司，会选择在风口起风时，再加入新产品开发的竞争，从而规避过早进入带来的高额投入和巨大风险。

初创公司成群结队，挤进风口。风口一向是初创科技公司青睐之地，因为这里是最易获得风险投资和人才的地方，是初创公司成就大业的梦想起点，因此，风口起风之时，也是大量初创公司成立，并开始为梦想打拼之时。

相关产业链的企业，也开始行动起来。与跨界创新产品相关的产业链上的企业，也闻风而动，通过研发产品的配件等，加入了风口的竞争。

综上所述，起风时风口博弈的状态是新加入的博弈者众多，实力参差不齐，目标也有所不同，与起风前入场的博弈者同场竞技，呈现百舸争流之势。

3. 风劲时期的博弈

起风后的一段时间，风口持续处于狂热状态，资金、人才源源不断地流向风口，风口的企业要风有风，要水有水，真是"站在风口，猪都能飞起来"。所以，风口的博弈场内，不断有新加入的企业，暂时没有退出者，博弈者依然众多，且数量还在增加。

该时期的博弈虽然看似一场参与者众多、热热闹闹、你好我好的大聚会，实际上，揭开被"劲风"掩盖的面纱，在喧嚣与热闹之下，是一场关乎实力较量和专业分工的博弈次序重建的好戏，已经紧锣密鼓地上演，主要呈现出洗牌、分级、分类三大态势。

（1）实力强弱的重新洗牌。起风前进场的博弈者，是屈指可数的几个大公司，经过早期的博弈，在起风时，强弱已有差距，但与起风后进场的博弈者相比，是有先发优势的一个军团，可以统称为早期的强者。起风后进入的企业数量众多，实力参差不齐，其中，部分后进场的大公司和初创公司得益于风口的热度，抓住机遇快速提升，具备了跻身第一军团的实力，有些甚至超越了部分早期的强者。所以，在这场被劲风掩盖的洗牌大局中，有新晋级的强者，也有早期的强者降级。

（2）依据实力的博弈分级。在劲风的洗礼和热度的滋养之下，博弈场内的所有竞争者，无论是起风前还是起风后进入风口的企业，实力不仅得以重新洗牌，实力分级的格局也已现雏形。按照实力差异，场内的博弈者可以被分为不同等级的方阵，实力最强的为第一军团，实力次之的为第二军团，实力较弱和很弱的统称为其他军团。第一军团的强者一般会瞄准本军团的强者，展开强强竞争；第二军团的博弈者，会想方设法进入第一军团；其他军团的博弈者，清醒者会抓紧提升实力，糊涂者还在幻想劲风会持续很久，还有大把时间咸鱼翻身，先趁着风大再摸摸鱼。

（3）专业化分类悄然进行。博弈场内的竞争者，也会自发地按照企业自身的专业特长，以及加入风口的目标差异，在跨界创新产品军团和配套产业链军团中选择站位，新产业链的分工格局也在此时显露雏形。

可见，企业是否在起风时和风力强劲时期加入风口的博弈，主要还是看能否依据自身的实力和专业特长，在这场博弈大戏中，找到自身的合适位置。或者有实力进入第一军团，或者有能力在配套产业链军团中成为佼佼者。

4. 风减速时期的博弈

当风口的热度降温，风速慢慢降下来的时候，风口显然已容不下数量众多的竞争者，于是，实力弱的企业大量出局，强者浮出水面。这个时期的博弈格局主要呈现以下几个特点：

（1）弱者被淘汰出局。在风速下降的过程中，众多弱小企业会陆陆续续地被淘汰。弱者退出风口的姿势也不同，最狼狈的是没有核心技术的弱小企业，一般会面临破产清算的结局；好看点的是部分有技术的小企业，虽然它们已经没有能力再参与博弈，但是，由于技术还有市场价值，一般会被大公司收购兼并。

（2）强者脱颖而出。当风速降下来时，大量弱者接二连三地被迫退出风口的过程中，真正的强者也开始愈加突出亮眼，强者们的核心竞争优势开始更多地被关注、被讨论、被强化，强者开发的产品也开始被较多的消费者接受，开拓蓝海市场的第一步成功迈出。

（3）鲜见新加入者。风速下降时，风口的资源也会锐减，弱小企业淘汰出局的案例比比皆是，风口被悲凉的氛围笼罩。再加上风口产品的性能还不成熟，市场前景仍然存在不确定性。因此，这段时期显然不是加入风口博弈的好时机，选择这个时期进场博弈的企业非常少见。

（4）场内博弈者数量锐减。因为场内大量的弱小企业被迫离场，而又鲜见新加入者，所以，这段时期场内的博弈者数量会快速地、大幅度地减少。

5. 风平稳时期的博弈

风口的风速经过一段时间的下降期后，开始变得平稳，进入风平稳时期。

细水长流，风稳则久。因此，风平稳时期持续的时间一般会较长。当浮躁褪去，当风口的火热降温，志在长远的博弈者和投资人的精耕细作就开始了。

天赐良机，博弈者开始精益化地关注市场和完善产品。有风且又平稳，充满活力又不浮躁，这个时期确实是能干细活的好时机。场内留下的精英博弈者们，开始进入一轮以"产品性能、附加值和市场占有率的较量"为主要形式的进阶博弈。博弈者们专注于产品性能的改进，专注于对消费者诉求的快速反应，专注于产品品牌形象和附加值的提升。此阶段，跨界创新产品性能越来越好，得到越来越多的消费者认可，蓝海市场呈现一片欣欣向荣的景象。

良性竞争使蓝海市场空间广阔。跨界创新旨在开拓蓝海市场的根本属性，意味着早期的跨界创新产品的市场是如假包换的蓝海市场。蓝海市场的特点是市场远远没有饱和，还有很大的空间。风平稳时期，跨界产品的性能虽然越来越好，但是仍然处于产品生命周期的成长期，产品升级换代之路才刚刚开始，消费者很多细致入微的需求还没满足，因此，此时的市场是典型的蓝海市场。蓝海市场的竞争是一种良性的竞争。尽管经过一段时间的竞争后，博弈者之间的强弱已有差异，然而蓝海市场的广阔极具包容性，所以，这个时期场内所有博弈者的营收都处于增长状态，各自占有一定的市场份额，和谐共生，被市场淘汰出局的风险很小。

潜移默化催生新的博弈格局已现端倪。这段时期，在总体上呈现良性竞争格局的情况下，往往会有几个公司，由于产品性能好、广受消费者喜爱，从而市场占有率越来越高，市场地位逐渐变得难以撼动。于是，博弈格局在和谐共生的总体态势下，潜移默化地呈现出新的演变趋势，强者恒强、两极分化和头部效应开始逐渐显现。

错位竞争促使新进入者抢食蛋糕。在风平稳期，跨界创新产品的性能日渐精进，消费者认可度大幅提升，蓝海市场前景广阔，这些对场外的公司都极具吸引力，因此选择在这个时期进场博弈的公司数量较多，一般都是实力雄厚敢于挑战场内强者的大公司。同时，场内的博弈者，尤其是那些地位难以撼动的强者，显然不欢迎新进入者抢食蛋糕，会想方设法狙击新进入者。为取得后发优势，新进入者不会和场内强者硬碰硬，而是会选择错位竞争策略，与竞争者们分食这个蓝海市场的巨大蛋糕。新进入者既可以在产品价格上错位竞争，也可以在目标市场上错位竞争，甚至可以在品牌定位、营销手段等方面错位竞争。

（三）企业参与风口博弈的策略

跨界创新的风口指的是开发跨界创新产品的成功概率很高的技术和产业领域，其中，跨界创新产品所在的新行业为核心风口，新行业所在产业链的其他配套行业为非核心风口。跨界创新风口的博弈，参与者众多，类型复杂。参与风口博弈的众多企业，在行业背景、企业实力、技术优势等诸多方面，都存在差异。这些差异的存在，决定了企业参与风口博弈的最优策略的不同。

1. 强势进入核心风口的策略

强势进入核心风口，顾名思义就是果断地投入大资金开发跨界创新产品，快速进入跨界创新产生的新行业。所在行业与新行业关联度高、企业实力雄厚、技术优势显著的企业，选择"强势进入核心风口的策略"是明智的。

（1）行业关联度高。不同行业背景的企业，与跨界创新产品相关的产品经验和技术积累的差异大，开发跨界创新产品的能力差异也大，因此在选择加入跨界创新风口的博弈时，最优策略肯定是不同的。企业需要根据自身的行业背景，评价自己是否具有参与风口博弈的竞争优势，具有哪些优势，这些优势可以支持企业选择什么样的最优策略。

如果某企业所在原行业的前沿技术是开发跨界创新产品的关键技术，也就是说原行业和新行业无论在产品还是技术上的关联度都很高，该企业就具有加入核心风口的行业背景优势。从行业背景这个因素来分析，企业所在原行业与新行业的关联度越高，则越容易在核心风口快速取得竞争优势。

当然，企业在实战抉择时，不能只考虑行业背景一个因素，需要综合考虑多个因素，才能选出加入风口的最优策略。

（2）技术优势显著。技术优势和行业关联度是有较强正相关关系的两个影响因素，但是并不能合并为一个评价指标。某个原行业与新行业的关联度很高，意味着这个原行业中的企业和其他关联度不高的行业中的企业相比，进入新行业有行业背景加持的关联度优势，但是并不意味着这个原行业中所有企业的技术优势是相同的。也就是说，在这个原行业的诸多企业中，与新行业相关的技术积累是有差异的，其中，有些企业有进入新行业的显著技术优势，而有些企业并不具备进入新行业的显著技术优势。

如果某企业所在原行业和新行业的关联度很高，该企业在原行业中积累了大量与新行业相关的技术，与原行业中其他企业相比具有显著的开发跨界创新产品的技术优势，那就同时具备了行业关联度高和技术优势显著这两个有利条件，该企业进入跨界创新风口进行博弈的成功概率会更高。

以苹果公司为例，苹果公司跨界创新前所属的个人电脑行业与智能手机行业关联度很高，并且，该公司在推出 iPhone 之前，不仅有个人电脑的技术积累，还有 iPod 数码音乐播放器和 iTunes 网络付费音乐下载系统的技术积累。因此，苹果公司同时具备了行业关联度高和技术优势显著这两个有利条件，为其成功跨界进入智能手机行业奠定了很好的基础。

（3）企业实力雄厚。企业实力是决定某个企业是否加入风口博弈，以什么方式加入风口博弈的重要因素之一。跨界创新风口的博弈虽然热闹，参与者众多，但事实上，却一直由为数不多的强者主导，绝大多数弱者在风口的博弈中被淘汰。

跨界创新风口的竞争激烈，只有实力雄厚的企业，才有能力在风口的强者竞争中持续大量的投入，研发消费者认可的跨界创新产品，借助企业的实力抵御新产品开发的诸多风险。因此，实力雄厚是企业选择"强势进入核心风口"的重要条件之一。

综合以上分析，如果某个企业实力雄厚，所在原行业与某个新行业的关联度高，而且具有进入新行业的显著技术优势，那么，该企业就是为数不多的最适合进入这个跨界创新核心风口的企业之一，选择"强势进入核心风口"是其最优策略。

2. 择机进入核心风口的策略

择机进入核心风口，指的是企业需要根据情况选择合适的时机，进入跨界创新产生的新行业。如果企业所在行业与新行业的关联度不高，没有开发跨界创新产品的技术积累和优势，但是企业实力雄厚，资源整合能力强，有其他优势可以弥补存在的不足，这种类型的企业选择"择机进入核心风口的策略"是理性的。

（1）行业关联度不高。如果某企业所在原行业与跨界创新产品所在新行业的产品和技术的关联度不高，但是，有其他优势加持，可以弥补行业之间关联度不够的劣势，则该企业虽然不具备果断进入风口的条件，但是可以通过积累产品开发的经验和技术研发的成果，择机进入跨界创新的核心风口。

也就是说，与新行业关联度不高的其他行业中的企业，也可以通过整合资源等方式，积累条件等待合适时机进入核心风口。

（2）技术优势不足。如果企业所在原行业与新行业的关联度不高，则该企业就不可能具备开发跨界创新产品的技术优势，因此也不能选择强势进入核心风口的策略。

那么，这类企业是否就不能进入核心风口呢？事实上，这类企业也有进入风口的机会，不过有前提条件。一般来说，如果企业实力雄厚，并且整合资源的能力强，可以最大限度地弥补技术优势不足的短板，那么可以借助企业的其他优势，创造进入风口的条件，等待时机，择机进入。

（3）企业实力雄厚。实力雄厚是企业弥补跨界创新先天条件不足的最大底气。一个实力雄厚的企业，才有能力通过整合资源，尽快弥补技术优势不足的短板；一个实力雄厚的企业，才容易通过其他优势加持，与有技术优势的企业抗衡；一个实力雄厚的企业，才能够在进入核心风口后持续不断地投入，在激烈的竞争中脱颖而出。

（4）其他优势加持。一个企业如果没有其他优势加持，在行业关联度不高、技术优势不足这两个先天不足的致命掣肘之下，参与跨界创新风口的博弈无异于飞蛾扑火。

其他优势加持是缺乏技术优势的企业参与跨界创新风口博弈的底牌，没有这张底牌，进入风口博弈的胜算很低。

以微信为例，微信跨界进入移动支付行业前，所在的移动社交行业与移动支付行业的关联度不高，没有第三方支付等行业的丰富经验和技术积累。在行业关联度不高和技术优势不足的掣肘之下，微信成功跨界进入了移动支付行业，成为与支付宝并肩的行业双雄之一，其成功的原因主要依靠微信数以亿计的粘性客户的优势加持，以及腾讯公司的雄厚实力。

3. 顺势进入非核心风口的策略

事实上，跨界创新的风口涉及的行业很多，核心风口虽然只有一个行业，但是非核心风口中有很多配套行业，有机会进入了这些新产业链中的配套行业，并取得竞争优势，也可以很好地分享跨界创新带来的红利。

如果某企业所在原行业的产品和技术，与跨界创新产品的某个配套部件的技术关联度高，具有进入新产业链的某个配套行业的技术优势，则可以抓住机遇，采取顺势进入非核心风口的策略，审时度势地加入新产业链中的相关配套行业。

智能手机行业崛起和发展的过程中，产业链上的很多配套行业也随之兴盛，依托自身的技术优势成功进入这些配套行业的企业，分享了智能手机行业发展的红利。例如，顺势进入智能手机芯片行业的高通、联发科、英伟达、海思、英特尔、瑞芯微、博通、德州仪器等；进入显示屏行业的 3M、Digitech Systems、LG Innotek、Fujitsu、宸鸿、胜华、超声电子、欧菲光等；进入智能手机摄像头行业的索尼、东芝、Aptina、TDK、富士康、比亚迪等；进入智能手机电池行业的日亚化学、日本化成、旭化成、新宙邦等。

第五章　跨界创新的抉择

马利（2014）[①] 在一篇《人民日报》的报道中强调了跨界创新的紧迫性，"我们不敢跨界，就有人跨过来打劫"。唐崇健（2013）[②] 认为，跨界创新是大趋势，一个没有跨界创新能力的企业，在今天这样一个时代是很难生存和发展的。企业是否应该选择跨界创新？应该在什么样的情景下选择跨界创新？成功的跨界者是无意中的神来之笔，还是刻意谋划而成？当企业面临跨界者的挑战甚至重创时，应该怎么应对？这些问题，在当今这个跨界创新的时代，每一个都值得面临跨界抉择或必须应对跨界挑战的企业深思。

一、企业跨界创新的演化博弈分析和策略选择

跨界创新推动了产品升级、科技发展和社会进步，然而，也极大冲击了原有的行业边界，导致大范围的产业颠覆与重构，而且这种因为行业边界不断地破与立而引发的产业颠覆，似乎没有休止的迹象。在这样的格局下，企业的跨界创新抉择就成了关乎企业生死存亡的重要抉择。用演化博弈理论分析企业跨界创新的动态演化过程及其稳定态，可探寻企业跨界创新策略选择的决策依据，目前尚未发现其他学者开展该领域的研究。

演化博弈的复制动态模型最早是在 1978 年由 Taylor 和 Jonker 提出，该模型

---

① 马利. 人民日报今日谈：媒体融合是场大变革［N］. 人民日报，2014 – 08 – 20（01）.
② 唐崇健. 企业创新要跨界［EB/OL］.（2013 – 03 – 15）［2020 – 12 – 30］. http：//blog. si-na. com. cn/s/blog_ 5a24f39e0102ea6r. html.

用常微分方程或方程组描述策略的演化，是一种确定性的演化模型。模型假设种群中个体数量无限大，且混合均匀，即种群中任意两个个体等可能地进行博弈，并且没有考虑决策环境中的不确定因素，可以看作是一种无变异的自然选择学习模型。由于微分方程或方程组在数学上具有很好的解析性质，因此复制动态是演化博弈中最常用的一种决策机制，中国学者近年来已将这一机制广泛地应用于社会科学和经济学的博弈模型的分析中。本章节根据演化博弈的基本原理，以有限理性的企业作为决策主体，建立企业跨界创新的演化博弈模型，据此深入分析企业跨界创新的演化特征，旨在为企业做出正确的跨界创新决策提供理论依据。

（一）问题描述和模型假设

企业跨界创新的路径和模式是多种多样的。既可以是行业 A 的企业向行业 B 和行业 C 同时跨界，例如苹果电脑公司推出智能手机同时跨界数字模拟手机和数码相机两个行业；也可以是行业 A 的企业和行业 B 的企业互相跨界，例如微信跨界支付宝的网络支付业务，支付宝跨界微信的网络社交业务；还可以是行业 A 的企业跨界行业 B，行业 B 的企业跨界行业 C；等等。为简化问题，本章重点分析行业 A 的企业和行业 B 的企业互相跨界的模式。行业 A 和行业 B 中的企业同时满足以下假设：

假设 1：行业 A 和行业 B 中的企业数量众多，且分别是同质的。行业 A 中的企业有两种策略：向行业 B 跨界创新或不跨界创新；行业 B 中的企业同样有两种策略：向行业 A 跨界创新或不跨界创新。

假设 2：行业 A 的企业采取向行业 B 跨界创新策略的概率为 α，行业 B 的企业采取向行业 A 跨界创新策略的概率为 β，$(1-\alpha)$、$(1-\beta)$ 分别为两个行业中的企业采取不跨界创新策略的概率。

假设 3：行业 A 中选择跨界创新策略的企业跨界成功的概率为 p_a，选择不跨界创新策略的企业收益为 R_a，r_a 为行业 A 的企业向行业 B 成功跨界创新的收益增长率，因此，行业 A 的企业向行业 B 成功跨界创新后的收益为 $R_a(1+r_a)$，$r_a>0$，跨界创新的成本为 C_a；同理，行业 B 中选择跨界创新策略的企业跨界成功的概率为 p_b，选择不跨界创新策略的企业收益为 R_b，r_b 为行业 B 的企业向行业 A 成功跨界创新的收益增长率，因此，行业 B 的企业向行业 A 成功跨界创新后的收益为 $R_b (1+r_b)$，$r_b > 0$，跨界创新的成本为 C_b。

假设 4：当行业 A 和行业 B 的企业均不采取跨界创新策略时，两者的收益分别为 R_a，R_b；当行业 A 的企业采取跨界创新策略，而行业 B 的企业选择不跨界创新时，两者的收益分别为 $R_a(1+r_a) p_a - C_a$，$R_b - M_b$，其中 M_b 是行业 B 的企业被行业 A 的跨界企业挤掉的市场份额可产生的收益；当行业 B 的企业选择跨界创新而行业 A 的企业选择不跨界创新时，两者的收益分别为 $R_a - M_a$，$R_b (1+r_b) p_b - C_b$，其中 M_a 是行业 A 的企业被行业 B 的跨界企业挤掉的市场份额可产生的收益；两个行业的企业均采取跨界创新策略时，两者的收益分别为 $R_a (1+r_a) p_a - C_a - J_a$，$R_b (1+r_b) p_b - C_b - J_b$，其中 J_a 和 J_b 分别是两个行业的企业均采取跨界创新策略，从而导致行业间互相渗透竞争而损失的收益。

基于以上假设，笔者列出了企业跨界创新决策收益支付矩阵（见表 5-1）。

表 5-1　行业 A 和行业 B 的企业互相跨界创新的收益支付矩阵

行业 A ＼ 行业 B		企业	
		跨界创新（β）	不跨界创新（$1-\beta$）
企业	跨界创新（α）	$[R_a (1+r_a) p_a - C_a - J_a,$ $R_b (1+r_b) p_b - C_b - J_b]$	$[R_a (1+r_a) p_a - C_a, R_b - M_b]$
	不跨界创新（$1-\alpha$）	$[R_a - M_a, R_b (1+r_b) p_b - C_b]$	(R_a, R_b)

（二）演化博弈分析

1. 演化博弈过程的平衡点

根据上述收益支付矩阵，可以推算出行业 A 中的企业采取跨界创新策略的复制动态微分方程：

$$d\alpha(t)/dt = \alpha(1-\alpha)[R_a(1+r_a)p_a - R_a - C_a - \beta(J_a - M_a)] \qquad (5-1)$$

以及行业 B 中的企业采取跨界创新策略的复制动态微分方程：

$$d\beta(t)/dt = \beta(1-\beta)[R_b(1+r_b)p_b - R_b - C_b - \alpha(J_b - M_b)] \qquad (5-2)$$

通过式（5-1）和式（5-2）构成的微分方程组描述行业 A 和行业 B 中的

企业互相跨界创新的演化博弈过程。令 $\mathrm{d}\alpha(t)/\mathrm{d}t = \mathrm{d}\beta(t)/\mathrm{d}t = 0$，得到微分方程组的五个解，即系统的均衡点 (α,β)，分别为 A $(0,0)$、B $(1,0)$、C $(0,1)$、D $(1,1)$ 和 O (α_0,β_0)，其中，α_0，$\beta_0 \in [0,1]$，且

$$\alpha_0 = [R_b(1+r_b)p_b - R_b - C_b]/(J_b - M_b),$$

$$\beta_0 = [R_a(1+r_a)p_a - R_a - C_a]/(J_a - M_a)。$$

2. 平衡点的稳定性分析

通过复制者动态微分方程组求出的平衡点并不都是系统的演化稳定策略（Evolutionary Stable Strategy，ESS）。根据 Friedman 提出的方法，系统平衡点的稳定性可由该系统相应的雅可比（Jacobian）矩阵的局部稳定分析获得。为了简化算式以便于接下来的推导分析，令 $X_a = R_a(1+r_a)p_a - R_a - C_a$，$Y_a = J_a - M_a$，$X_b = R_b(1+r_b)p_b - R_b - C_b$，$Y_b = J_b - M_b$，对式（5－1）和式（5－2）依次求出关于 α，β 的偏导数，可得出雅可比矩阵：

$$J = \begin{bmatrix} (1-2\alpha)(X_a - \beta Y_a) & -\alpha(1-\alpha)Y_a \\ -\beta(1-\beta)Y_b & (1-2\beta)(X_b - \alpha Y_b) \end{bmatrix}$$

根据非线性微分方程稳定性理论，平衡点的稳定性由其雅可比矩阵的特征根 $DetJ$ 和 TrJ 的符号决定。计算雅可比矩阵的行列式 $DetJ$ 和迹 TrJ，得：

$$DetJ = (1-2\alpha)(X_a - \beta Y_a)(1-2\beta)(X_b - \alpha Y_b) - \alpha\beta(1-\alpha)(1-\beta)Y_a Y_b$$

$$(5-3)$$

$$TrJ = (1-2\alpha)(X_a - \beta Y_a) + (1-2\beta)(X_b - \alpha Y_b) \qquad (5-4)$$

由于 X_a、Y_a、X_b 和 Y_b 的取值变化范围较大，可能导致特征根的符号有多种组合，所以先计算上述 5 个平衡点的特征根 $DetJ$ 和 TrJ，分别将 5 个平衡点的 α 和 β 值代入式（5－3）和式（5－4）得出结果（见表 5－2）。

在表 5－2 的基础上，讨论 X_a、Y_a、X_b 和 Y_b 的取值呈现不同的组合时，各平衡点的稳定性。在分类分析各平衡点的稳定性之前，需要先讨论 X_a 和 X_b 的各种不同取值组合代表的情形。第一类情形：当 $X_a > 0$ 且 $X_b > 0$ 时，行业 A 的企业向行业 B 单向跨界创新的净增收益大于 0，行业 B 的企业向行业 A 单向跨界创新的净增收益也大于 0，此种情形下行业 A 和行业 B 的企业都有较强的主动跨界创新的动机；第二类情形：当 $X_a > 0 > X_b$ 时，行业 A 的企业向行业 B 单向跨界创新

的净增收益大于零，而行业 B 的企业向行业 A 单向跨界创新的净增收益小于零，此种情形下行业 A 的企业向行业 B 跨界创新的动机强且具有比较优势；第三类情形：当 $X_b > 0 > X_a$ 时，行业 B 的企业向行业 A 单向跨界创新的净增收益大于零，而行业 A 的企业向行业 B 单向跨界创新的净增收益小于零，此种情形下行业 B 的企业向行业 A 跨界创新的动机强且具有比较优势；第四类情形：当 $X_a < 0$ 且 $X_b < 0$ 时，两者单向跨界创新净增收益均小于 0，此种情形下行业 A 和行业 B 的企业一般不会选择跨界创新。

表 5-2　平衡点的特征根

平衡点 (α, β)	J 的行列式 $DetJ$	J 的迹 TrJ
$A\ (0, 0)$	$X_a X_b$	$X_a + X_b$
$B\ (1, 0)$	$-X_a\ (X_b - Y_b)$	$X_b - X_a - Y_b$
$C\ (0, 1)$	$-X_b\ (X_a - Y_a)$	$X_a - X_b - Y_a$
$D\ (1, 1)$	$(X_a - Y_a)\ (X_b - Y_b)$	$Y_a - X_a + Y_b - X_b$
$O\ (\alpha_0, \beta_0)$	$-X_a X_b\ (1 - X_a/Y_a)\ (1 - X_b/Y_b)$	0

（三）各类情形的经济含义分析和企业策略选择

依据 X_a、Y_a、X_b 和 Y_b 的取值的不同组合，需要分 4 大类 16 种情形来讨论平衡点的稳定性，各类情形的特点不同，经济含义也存在差异。

1. 第一类情形：$X_a > 0$ 且 $X_b > 0$（跨界创新必然出现）

推论 1：当 $X_a > 0$ 且 $X_b > 0$ 时，无论 Y_a 和 Y_b 如何取值，均衡点 A（0，0）是不稳定的，行业 A 和行业 B 的企业或单方或同时选择跨界创新策略是演化稳定策略。在这种情形下，行业 A 和行业 B 的边界被打破，两个行业融合为一个行业是演化的最终稳定状态。

该类情形依据 Y_a 和 Y_b 取值的不同又可分为四个小类：

情形 1-1：当 $X_a > 0$，$X_b > 0$，且 $X_a > Y_a$，$X_b > Y_b$ 时。该状态下行业 A 的企业和行业 B 的企业同时选择跨界创新是演化稳定策略，两个行业的企业选择互相跨界创新最终导致两个行业融合为一个行业。

情形 1-2：当 $X_a > 0$，$X_b > 0$，且 $X_a > Y_a$，$X_b < Y_b$ 时。该状态下行业 B 的企业选择与行业 A 企业一起跨界创新没有优势，出现行业 B 的企业"跨界创新找死，不跨界创新等死"的局面。因此，均衡点 B（1，0）是演化稳定策略，即行业 A 的企业选择跨界创新且行业 B 的企业不选择跨界创新是演化稳定策略，演化博弈的最终结果是行业 A 的跨界创新企业将行业 B 的企业击垮，两个行业融合为一个行业。

情形 1-3：当 $X_a > 0$，$X_b > 0$，且 $X_a < Y_a$，$X_b > Y_b$ 时。该状态是情形 1-2 的对称状态，均衡点 C（0，1）是演化稳定策略，即行业 B 的企业选择跨界创新且行业 A 的企业不选择跨界创新是演化稳定策略，演化博弈的最终结果是行业 B 的跨界创新企业将行业 A 的企业击垮，两个行业融合为一个行业。

情形 1-4：当 $X_a > 0$，$X_b > 0$，且 $X_a < Y_a$，$X_b < Y_b$ 时。该状态下，由于行业 A 和行业 B 的企业选择一起跨界时损失 J_a 和 J_b 均过大，存在 B（1，0）和 C（0，1）两个演化稳定策略，具体含义指一个行业的企业先跨界，另一个行业的企业就会选择放弃。所以，这种状态下一定要抢先选择跨界创新，先行者取得跨界创新的占优权和主动权，后行者将处于"跨界创新找死，不跨界创新等死"的被动局面，演化博弈的最终结果是先行行业的跨界创新企业将后行行业的企业击垮，两个行业融合为一个行业。

2. 第二类情形：$X_a > 0 > X_b$（行业 A 的企业占优）

推论 2：当 $X_a > 0 > X_b$ 时，这种情形下行业 A 的企业跨界创新的净收益大于 0，行业 B 的企业跨界创新的净收益小于 0，因此，行业 A 的企业更具有跨界创新竞争力。

情形 2-1：当 $X_a > 0 > X_b$ 时，且 $X_a > Y_a$，$X_b > Y_b$ 时。行业 A 的企业更具有跨界创新竞争力，C（0，1）不稳定。不过，因为有 $Y_b < X_b < 0$，这意味着行业 B 的企业虽然单向跨界创新的净收益 X_b 小于 0，但是，当行业 A 的企业选择跨界创新后，行业 B 的企业不选择跨界的损失 M_b 大于选择与行业 A 的企业同时跨界的损失 J_b。所以，这种情形下，行业 A 的企业会率先选择跨界创新，行业 B 的企业在行业 A 的企业跨界创新后，必然追随其选择跨界创新，因此 D（1，1）是演化稳定策略。

情形 2-2：当 $X_a > 0 > X_b$ 时，且 $X_a > Y_a$，$X_b < Y_b$ 时。行业 A 的企业更具有跨界创新竞争力，C（0，1）不稳定，B（1，0）是演化稳定策略，即行业 A 的企业选择跨界创新且行业 B 的企业不选择跨界创新是演化稳定策略。演化博弈的稳定状态是行业 A 的跨界创新企业将行业 B 的企业击垮，两个行业融合为一个行业。

情形 2-3：当 $X_a > 0 > X_b$ 时，且 $X_a < Y_a$，$X_b > Y_b$ 时。因 α_0，$\beta_0 \in [0，1]$，所以有五个均衡点。此种情形下，位于中间的均衡点 O 是涡旋，其他四个均衡点 A、B、C 和 D 都是鞍点，初始状态在 O 点就一直在 O 点，初始状态在 A、B、C 和 D 的任意一点就会在这四点之间旋转，没有演化稳定策略。两个行业中选择跨界创新或不跨界创新的企业都能长期生存。

情形 2-4：当 $X_a > 0 > X_b$ 时，且 $X_a < Y_a$，$X_b < Y_b$ 时。行业 B 的企业跨界创新的净收益小于 0 且选择共同跨界时的损失值 J_b 较大。行业 A 的企业尽管跨界创新的净收益大于 0，但是选择共同跨界时互相渗透竞争的损失值 J_a 较大，对方选择跨界自己选择不跨界时损失值 M_a 较小。因此，D（1，1）不稳定，B（1，0）是演化稳定策略。演化博弈的稳定状态是行业 A 的跨界创新企业将行业 B 的企业击垮，两个行业融合为一个行业。

3. 第三类情形：$X_b > 0 > X_a$（行业 B 的企业占优）

推论 3：当 $X_b > 0 > X_a$ 时，这种情形下行业 B 的企业跨界创新的净收益大于 0，行业 A 的企业跨界创新的净收益小于 0，因此，行业 B 的企业更具有跨界创新竞争力。第三类情形是第二类情形的对称情形。

情形 3-1：当 $X_b > 0 > X_a$ 时，且 $X_a > Y_a$，$X_b > Y_b$ 时。行业 B 的企业更具有跨界创新竞争力，B（1，0）不稳定。不过，因为有 $Y_a < X_a < 0$，这意味着行业 A 的企业虽然跨界创新的净收益 X_a 小于 0，但是，当行业 B 的企业选择跨界创新后，行业 A 的企业不选择跨界的损失 M_a 大于选择与行业 B 的企业同时跨界的损失 J_a。所以，这种情形下，行业 B 的企业会率先选择跨界创新，行业 A 的企业在行业 B 的企业跨界创新后，必然追随其选择跨界创新，因此 D（1，1）是演化稳定策略。

情形 3-2：当 $X_b > 0 > X_a$ 时，且 $X_a > Y_a$，$X_b < Y_b$ 时。因 α_0，$\beta_0 \in [0，1]$，

所以有五个均衡点。此种情形下，位于中间的均衡点 O 是涡旋，其他四个均衡点 A、B、C 和 D 都是鞍点，初始状态在 O 点就一直在 O 点，初始状态在 A、B、C 和 D 的任意一点就会在这四点之间旋转，没有演化稳定策略。两个行业中选择跨界创新或不跨界创新的企业都能长期生存。

情形 3 - 3：当 $X_b > 0 > X_a$ 时，且 $X_a < Y_a$，$X_b > Y_b$ 时。行业 B 的企业更具有跨界创新竞争力，B（1，0）不稳定，C（0，1）是演化稳定策略，即行业 B 的企业选择跨界创新且行业 A 的企业不选择跨界创新是演化稳定策略。演化博弈的稳定状态是行业 B 的跨界创新企业将行业 A 的企业击垮，两个行业融合为一个行业。

情形 3 - 4：当 $X_b > 0 > X_a$ 时，且 $X_a < Y_a$，$X_b < Y_b$ 时。行业 A 的企业跨界创新的净收益小于 0 且选择共同跨界时的损失值 J_a 较大。行业 B 的企业尽管跨界创新的净收益大于 0，但是选择共同跨界时互相渗透竞争的损失值 J_b 较大，对方选择跨界自己选择不跨界时损失值 M_b 较小。因此，D（1，1）不稳定，C（0，1）是演化稳定策略。演化博弈的稳定状态是行业 B 的跨界创新企业将行业 A 的企业击垮，两个行业融合为一个行业。

4. 第四类情形：$X_a < 0$，$X_b < 0$（不跨界创新是演化稳定策略）

推论 4：当 $X_a < 0$，$X_b < 0$ 时，无论 Y_a 和 Y_b 如何取值，共同特点是均衡点 A（0，0）是演化稳定策略，即行业 A 和行业 B 的企业都不选择跨界创新策略是演化稳定策略。

情形 4 - 1：当 $X_a < 0$，$X_b < 0$，且 $X_a > Y_a$，$X_b > Y_b$ 时，因 α_0，$\beta_0 \in [0, 1]$，所以有五个均衡点。该情形下，虽然行业 A 和行业 B 的企业跨界创新的净收益都小于 0，但是因为选择共同跨界时互相渗透竞争的损失值 J_a 和 J_b 小，对方选择跨界自己选择不跨界时损失值 M_a 和 M_b 大，所以这类状况下，有 A（0，0）和 D（1，1）两个演化稳定策略，即要么都不跨界，要么都跨界。必须强调的是，该情形下 A（0，0）是对行业 A 和行业 B 的企业更有利的演化稳定策略，D（1，1）是其中一个行业的企业贸然选择跨界创新后，另一个行业的企业被逼必须选择跨界创新的演化稳定策略。

情形 4 - 2：当 $X_a < 0$，$X_b < 0$，且 $X_a > Y_a$，$X_b < Y_b$ 时。C（0，1）是不稳定

的，A（0，0）是演化稳定策略，即行业 A 和行业 B 的企业都不选择跨界创新策略是演化稳定策略。

情形 4-3：当 $X_a<0$，$X_b<0$，且 $X_a<Y_a$，$X_b>Y_b$ 时。B（1，0）是不稳定的，A（0，0）是演化稳定策略，即行业 A 和行业 B 的企业都不选择跨界创新策略是演化稳定策略。

情形 4-4：当 $X_a<0$，$X_b<0$，且 $X_a<Y_a$，$X_b<Y_b$ 时。D（1，1）是不稳定的，A（0，0）是演化稳定策略，即行业 A 和行业 B 的企业都不选择跨界创新策略是演化稳定策略。

（四）结论与启示

跨界创新自成为中国实业界推崇的创新利器和发展良策以来，一度成为国内媒体的热词并引发了社会各界广泛、持续的讨论，然而学术界关于这一话题的研究并不多，国内外学者现有的研究成果主要是定性研究和少量的实证分析。为深入揭示企业跨界创新策略选择的演化特征，本章节在现有研究成果的基础上，以有限理性的企业作为决策主体，构建行业 A 的企业和行业 B 的企业互相跨界创新的演化博弈模型。研究表明，系统具有复杂的演化动态，不同初始状态下的演化结果差异很大，跨界创新并非任何行业的企业都可以选择的策略。当 $X_a>0$ 且 $X_b>0$ 时，行业 A 和行业 B 的企业或单方或同时选择跨界创新策略是演化稳定策略，跨界创新必然出现；当 $X_a<0$，$X_b<0$ 时，行业 A 和行业 B 的企业都不选择跨界创新策略是演化稳定策略；当 $X_a>0>X_b$ 时，行业 A 的企业更具有跨界创新竞争力；当 $X_b>0>X_a$ 时，行业 B 的企业更具有跨界创新竞争力。

系统演化的多重均衡性质，为现实中不同行业的企业提供了可供参考的跨界创新决策选择的理论依据。也从客观上给予以下启示：

第一，在跨界创新初始条件上占优的行业和企业，应尽早选择跨界创新策略以谋求发展，这将是行业和企业不可错过的重要发展机遇，会有很大的发展空间；

第二，随着符合跨界创新初始条件的行业增多，行业融合将成为一种趋势；

第三，一些在跨界创新初始条件上处于劣势的行业和企业，将在跨界创新浪潮的冲击下，不可避免地遭遇香消玉殒的命运魔咒；

第四，并不是所有行业的企业都适合选择跨界创新策略，因此，企业不要盲目跟风选择跨界创新策略来谋求发展，而应该认真分析企业所在行业的特点，企业所处的演化博弈初始状态，从而提前谋划，选择更有利的发展路径。

二、企业跨界创新的抉择

站在某个具体企业的角度上看，是否应该选择跨界创新呢？在什么时机跨界创新？怎样布局跨界创新？这些都是企业在跨界创新时代必须面临的重要抉择。企业可以撰写一个详细的评估报告，逐一分析解答上述三个问题，并拟定详细的对策，以应对跨界创新时代的挑战。

（一）企业是否跨界创新的抉择

对于一个具体的企业而言，在做出是否跨界创新的抉择之前，需要了解跨界创新的风口在哪里；这个风口和企业的关联度高不高；企业所在的行业与跨界创新产生的新行业是什么关系；企业进入这个风口的竞争优势是什么；这些问题的回答，可以帮助企业认清自身是否应该选择跨界创新。

1. 发现跨界创新的风口

发现跨界创新的风口并非一件难事。因为跨界创新的风口出现前会有很多预兆，出现后还要经过一段时间的成长，所以，已经形成的有市场价值的风口是非常显眼且很容易被发现的，难以发现的往往是市场价值尚未凸显的未来风口。

正如前文的案例分析揭示的那样，每一个跨界创新风口出现的早期，都有先知先觉的企业率先进入风口博弈，开发跨界创新产品推向市场，一般早期跨界创新产品的性能并不完善，早期风口的市场价值还不高。因此，在跨界创新风口还不够热的时候，就已经有较多企业进入，这样自然导致早期风口显眼得很容易被发现。

企业在寻找、评估跨界创新风口的阶段，可以在评估报告中详细描述已经出现和即将出现的跨界创新风口的状态，其中，已经出现的风口是关注的重点。对于已经出现的风口，需要评估跨界创新产品的主要支持技术的成长阶段、跨界创新产品的市场状况、风口的市场价值、风口主要竞争者及其产品的基本情况等，通过对这些指标的分析评价，以全面了解风口的状态。

2. 企业与跨界创新风口的关联度

分析、评估企业与跨界创新风口的关联度，主要是为了弄清楚企业进入风口是否具有先天优势，以及不进入风口是否会受到很大冲击。关联度一般用来表示两个事物之间的关联程度，也可以用更直观的亲疏关系来描述，企业与跨界创新风口联系越紧密则关联度越高，越疏远则关联度越低。

评估企业与跨界创新风口的关联度高低，主要看企业主营产品与跨界创新产品的关联度、企业技术积累与开发跨界创新产品所需技术的关联度、目标市场的关联度等指标。企业主营产品与跨界创新产品具有的相似功能越多，则关联度越高；企业开发跨界创新产品的技术积累越多，则关联度越高；企业主要产品和跨界创新产品的目标市场重合度越高，则关联度越高。反之，则关联度越低。

一般情况下，企业与跨界创新风口的关联度越高，则越容易受到跨界创新的影响，同时也在开发跨界创新产品上占据较大的消费者体验和技术积累等方面的先天优势。换言之，与跨界创新风口关联度高的企业，虽然相对而言更容易取得跨界创新的成功，但也会遭受来自跨界创新的更大冲击，可以说是个成功概率和毁灭风险都很大的企业群体。

如果一个企业与某个跨界创新风口的关联度高，那么该企业与其他关联度不高的企业相比，选择跨界创新是有先天优势的，跨界成功的概率相对更高。不过，这样的企业如果跨界失败，或者没有选择跨界创新，将会遭遇跨界创新的颠覆式冲击，面临灭顶之灾。

如果一个企业与某个跨界创新风口的关联度不高，则该企业不具备跨界创新的先天优势，如果没有其他优势加持，便难以取得跨界创新的成功。幸运的是，该企业遭受这个跨界创新风口的冲击也很小。

3. 企业在跨界创新格局中的位置

拥有同样关联度的企业，在跨界创新格局中，会因为所处行业不同，导致跨界创新的成功概率仍然相差较大。因此，仅仅分析关联度还不够，还需要分析企业在跨界创新格局中的位置，以便更清晰地了解企业在跨界创新的格局中，是处于优势行业还是劣势行业，或者处于其他行业。

首先，分析跨界创新产品可以集成哪些行业产品的功能。其产品的主要功能可以被跨界创新产品所集成的行业，都是与该跨界创新风口关联度高的行业。

其次，分析这些关联度高的行业中，哪个行业更具有开发跨界创新产品的比较优势。依据技术优势等指标的高低将这些行业进行排序：排在前面的行业，其中的企业更容易取得跨界创新的成功，可以称为优势行业；排在后面的行业，其中的企业更被动，选择跨界创新不容易成功，不选择跨界创新则会遭受巨大冲击，可以称为劣势行业。

最后，分析企业在跨界创新的格局中，是处于优势行业还是劣势行业，或者处于其他行业。如果企业有幸身处跨界创新格局中的优势行业，则快速进入风口是明智的；如果企业不幸处于劣势行业，则必须快速整合资源补足技术短板，然后尽快进入风口，否则企业将会遭受重创；如果企业处于与跨界创新产品关联度不高的其他行业，不选择跨界创新也不会受到明显冲击，当然也可以选择进入风口享受跨界创新带来的红利，但前提是必须有其他优势加持，或者通过整合资源具备了优势行业中企业同等的技术积累。

4. 企业进入风口的竞争优势

在企业是否进入风口的抉择中，最重要的决定性评价标准是企业是否具有进入风口的竞争优势。竞争优势是进入风口的必要条件，没有竞争优势进入风口必然会以失败告终。

按照优势的标的不同，竞争优势既可以是技术优势，也可以是市场优势、客户经验优势、用户粘性优势等其他优势。因为具有开发消费者认可的优质跨界创新产品的技术能力，是进入风口必须具备的条件，所以，对于拟进入尤其是拟早期进入跨界创新风口的企业来说，技术优势是首要的最重要的竞争优势。如果同时开展多种优势的分析导致局面复杂无法做出判断时，为简化问题得到明确结论，可以用技术优势简单替代竞争优势。

按照优势的起源不同，竞争优势既可以是先天优势，也可以是后天努力积累的优势。在跨界创新格局中，处于优势行业中的企业，可以说具有跨界创新的先天优势；处于劣势行业中的企业，虽然与风口的关联度高，相对于其他行业有一定优势，但与优势行业中的企业相比，技术积累上不占优，因此先天优势不显著；处于关联度低的其他行业中的企业，一般不具备先天优势。劣势行业和其他行业中的企业，可以通过整合资源弥补技术短板，在较短的时间内赶上优势行业中的企业，通过后天努力积累优势加入风口的博弈。此外，一些其他行业中的企业，虽然没有技术优势，但有其他优势加持，能够弥补技术优势不足的短板，也可以在合适的时机加入风口参与博弈。

在评估报告中，企业可以通过列表的方式对自己和竞争者的竞争优劣势进行详细的对比分析。如果企业具备了进入跨界创新风口的竞争优势，那选择跨界创新就是明智的抉择；如果不具备竞争优势，就不应该进入风口参与博弈。

（二）企业跨界创新时机的抉择

由于不同企业在跨界创新格局中的位置、与跨界创新风口的关联度、进入风口的竞争优势等差异很大，因此，对某个具体企业而言，根据企业的特质，选择进入风口参与博弈的合适时机，是企业能否取得跨界创新成功的重要抉择。

1. 跨界创新风口的成熟度

跨界创新风口的成熟度，可以用支撑跨界创新产品开发的关键技术的成长周期指标来度量。如果关键技术还处在婴儿期，则成熟度低；如果关键技术处于少年期，则成熟度较高；如果关键技术处于青年期，则成熟度高。

风口的成熟度是企业选择进入风口的时机的最重要参照指标。风口成熟度低的时候，企业进入风口的技术和产品风险更大，产品研发的投入产出比（Input - output Ratio，ROI）不理想；风口成熟度较高的时候，企业进入风口的技术和产品风险变小，而且此时进入风口，更易在跨界创新产生的新行业中取得先发优势；风口成熟度高的时候，企业进入风口的技术和产品风险很小，但是新行业的市场已被先进入者垄断，此时进入风口，要在市场竞争中取胜的难度变大。

风口成熟度低的时候，风口的市场价值不高，产品开发的风险大，因此，对任何企业而言，此时进入风口都不是一个好的时机。很多公司投资新项目、开发新产品失败，如果最后总结原因为"产品太超前，技术和市场都不成熟"，那隐含之意就是进入风口太早了。尽管如此，仍然有很多大公司斥巨资研发超前的产品，从整个人类文明进步的角度来看，这些公司是伟大的开拓者和贡献者。例如智能手机的原创者 IBM 公司、在技术并不成熟的情况下坚持研发生产新能源汽车多年的特斯拉公司等，这些公司在风口成熟度低的时候进入，为跨界创新产品的研发生产和技术积累，做出了卓越贡献，遗憾的是公司并未或者尚未从中获益。

风口成熟度较高或者高的时候，风口的市场价值凸显，产品开发的支持技术日益成熟，风险不断降低，是企业进入风口的好时机。企业可以根据自身的竞争优势，选择在成熟度较高或者高的时候进入风口博弈。

2. 企业特质与进入风口的时机抉择

企业特质不同，进入风口的最佳时机也不同，因此，企业需要总结本身的特质，并根据特质差异分析本企业进入风口的最合适时机。企业需要在评估报告中总结的特质有企业与跨界创新风口的关联度、企业在跨界创新格局中的位置、企业已经具备的进入风口的竞争优势、尚且需要通过整合资源集聚的优势以及需要通过努力逐步积累的优势。然后，将这些企业特质与进入风口的最佳时机建立对应关系，分析该企业进入风口的合适时机。

如果企业与跨界创新风口的关联度高，企业处于跨界创新格局中的优势行业，企业具备跨界创新的技术优势，则该企业显然具有进入风口的先天优势，适合在风口成熟度较低或者较高的时候进入，抢占先机获得先发优势，尽早在跨界创新产品所在的新行业中成为头部企业。这类企业进入早期风口的典型成功案例是苹果公司的智能手机。

如果企业与跨界创新风口的关联度高，企业处于跨界创新格局中的劣势行业，企业不具备跨界创新的显著技术优势，则该企业进入风口失败的概率较大，不进入风口也将面临跨界创新产品对企业的颠覆式冲击。这类特质的企业如果选择进入风口，最佳时机是风口成熟度较高的时候，因为等风口成熟度高的时候，企业早已经被冲击得毫无还手之力了。这类企业的典型成功案例是三星智能手机，失败案例是诺基亚智能手机等。

如果企业处于与跨界创新风口关联度不高的其他行业，不具备跨界创新的技术优势，但是有客户优势、市场优势等其他优势加持，则该类企业有条件进入风口博弈，只是需要等到学习或者整合跨界创新产品技术更容易的时机。也就是说，风口成熟度高的时候，是这类企业进入的合适时机。这类企业的典型成功案例是腾讯的微信支付和华为的智能手机。

除了上述三类特质组合的企业以外，具有其他类型特质组合的企业都不具备进入风口的条件，强行进入风口很难成功，这些企业的时机抉择就没有讨论的必要了。

3. 时机抉择失误与补救措施

企业在跨界创新抉择中会出现时机抉择失误的情况，也就是在错误的时机进入了风口。那么，出现了这样的失误，会给企业带来哪些影响？又有什么补救措施可以扭转不利局面呢？这里仅仅讨论时机抉择的失误问题，也就是说，讨论的前提是所有企业都是具有进入风口的条件和竞争优势的，只是进入风口的时机选择不当。

如果具有技术优势的企业进入风口太早，也就是在风口成熟度很低时进入，企业的产品开发之路肯定寂寞而且很难得到市场回应。因支持技术不成熟，跨界创新早期产品性能不好，使用体验不佳，故而很难得到消费者的认可，也难以推向市场，企业大量投入没有回报。在这种情况下，企业可以暂停跨界产品的研发，并通过及时申请技术专利将前期投入转化为无形资产，同时，申请政府科研经费研究跨界创新产品的相关支持技术，等待风口成熟度较高时，再次进入风口博弈。

如果具有技术优势的企业错过了进入风口的最佳时机，没在风口成熟度较高时及时进入风口，从而失去了取得先发优势的战略机遇期，看着昔日同行抓住机遇跨界创新成为新行业的引领者，一定非常懊恼。在这种情况下，企业可以凭借技术优势错位发展，尽快进入风口，开发与引领者产品目标市场不同的产品，在蓝海市场中占据一席之地，然后不断精进产品和技术，以此寻找反攻的机会。

如果不具有技术优势但有其他优势加持的企业，在风口成熟度较高的早期进入风口，因产品性能不佳，无法与有技术优势的企业的产品抗衡，故而处境一定很艰难。在这种情况下，可以暂时停止正面竞争，进入休养生息阶段，等待风口成熟后，再整合技术资源，凭借其他优势，再次进入风口博弈。

进入时机选择的错误，并非都能补救。补救措施不能挽回过早进入风口的企业在资金投入上的大量损失，也不能挽回企业错过最佳进入时机而失去的先发优势。能够补救的，仅仅是通过理性分析后及时调整策略，抓住在合适时机用合适的方式再次进入风口的机会。这也从另一个角度证明，企业根据自身特质选择进入风口的合适时机，对于跨界创新成功的重要性。

（三）企业跨界创新策略的选择

当评估后发现企业具备跨界创新的条件和竞争优势，并选择了恰当的进入风口的时机，此时，选择什么样的策略来谋取跨界创新的成功，就成为问题的焦点。企业跨界创新的策略，必然也是因时因事而异，这里重点探讨几种主流策略。

1. 消费者导向的产品策略

具有技术优势的企业，在风口成熟度较高时进入风口，开发生产跨界创新产品，产品面向的目标市场中，大部分消费者还在用传统产品，只有少部分接受新生事物快的消费者开始用跨界创新产品。这类企业应采用以消费者体验为主导的产品策略，尽快取得目标市场更多消费者对跨界创新产品的认可，进而占领目标市场。

该策略必须以消费者需求为导向，细致入微地体察消费者对产品的性能偏好和功能要求，凭借企业的技术优势，开发出深受目标市场消费者喜爱和认可的跨界创新产品，尽快替代传统产品，在占领目标市场的同时拥有品牌美誉度，从而成长为新行业的头部企业。

2. 市场导向的差异化策略

无论是具有技术优势但错过了早期最佳进入时机的后进入者，还是不具备技术优势但通过整合资源已具备技术基础的后进入者，都可以采用市场导向的差异化策略，在风口成熟度高时进入风口，剑指先进入者还未占领的市场。

在风口成熟度高的这段时期，跨界创新产品的市场仍然是典型的蓝海市场，市场可拓展的空间还很大，还有很多市场空白处未被先进入者占领，这是后进入者采取市场导向的差异化策略取得成功的有利条件和天赐良机。

3. 其他优势加持的"正面刚"策略

不具备技术优势但是有其他优势加持的企业，需要在风口成熟度高的时候，快速整合技术资源，做好进入风口的技术储备工作。这类企业为什么更适合在风口成熟度高的时候做技术储备工作呢？因为在风口早期借鉴技术或者整合技术资源是非常难以实现的，只有在风口成熟度高的时候，学习和整合技术才容易达成，此时也是这类企业最容易抓住的尽早进入风口的机遇期。

这类企业在做好开发跨界创新产品的技术积累工作后，就可以充分利用其他优势，采取其他优势加持的"正面刚"策略进入风口，与早期进入风口的头部企业进行正面竞争，抢占蓝海市场的市场份额，力争进入头部阵营。采用这类策略取得成功的经典案例有华为与苹果、三星等早期进入智能手机风口的厂商"正面刚"的激烈竞争。

三、企业跨界创新抉择的误区

跨界创新时代，是跨界创新产品高频涌现的时代，每一轮有影响力的跨界创新都会导致多个行业重新洗牌。那么，为应对跨界创新时代的挑战，企业必须敢于跨界吗？企业不跨界就会被跨界者打劫吗？企业必须尽早发现跨界创新的风口吗？企业越早跨界创新越好吗？事实上，正如本书前面章节分析的那样，跨界创新有其内在的客观规律，在理解这些规律后，会发现很多关于跨界创新的主观直觉并不准确，因此，有必要专题分析关于企业跨界创新抉择的常见认识误区。

（一）误区一：企业必须敢于跨界创新

在跨界创新带来的系统演化格局下，并非每一类企业都必须敢于跨界创新。关于这个观点，前文已有较为充分的案例分析、理论探讨和演化博弈模型推导的结论。技术进步催生的跨界创新风口，对于某些行业的企业来说是发展的重大机遇，对于另一些行业的企业来说就好似一场命运诅咒般的灾难。

1. 优势行业的企业必须敢于跨界创新

在跨界创新的格局中，处于优势行业中的企业必须敢于跨界创新。在每个跨界创新风口出现时，总有某些行业掌控了开发跨界创新产品的技术优势，这些优势行业中的企业必须敢于跨界创新，否则不仅会失去进入新行业取得先发优势的重大机遇，还会遭受跨界创新产品对企业主营产品市场的巨大冲击。

现实中，处于优势行业中的很多企业，往往没有提前洞察到跨界创新带来的机遇，并没有充分利用好行业的优势地位，错失了跨界创新的机会。一般只有少数抓住机遇的企业，才能成长为新行业的佼佼者。

2. 劣势行业中企业的艰难抉择

劣势行业是指产品功能被跨界产品全部替代或大部分替代的行业，而且劣势行业的企业在开发跨界产品上不具备技术优势。处于劣势行业的绝大多数企业，选择跨界创新的成功概率低，实际上面临的是"跨界找死、不跨界等死"的死局。

如果劣势行业中出现个别反跨界成功的企业，该企业一定是资源整合能力很强或者具备其他优势，能够快速补齐技术优势不足的短板，在短期内具备了能够与优势行业中的跨界者抗衡的竞争力。

当劣势行业的企业被跨界创新重创时，应该怎么应对跨界冲击，是积极应对还是认命；是选择反跨界还是转型？这是被跨界企业必须面临的艰难抉择。劣势行业中的企业，在多数情况下，弃选反跨界策略虽然看似怯懦却实则明智，因为找死比等死的成本更高、损失更大。

3. 其他行业中企业跨界的前提条件

其他行业指的是与跨界创新风口关联度低的行业，这类行业不会受到跨界创新的明显冲击，且行业中的企业也不具备开发跨界创新产品的技术优势。因此，其他行业中的大多数企业，其经营既不会受到跨界创新的影响，也没有进入跨界创新风口的竞争优势，自然就会缺乏跨界创新的动力和条件。

不过，在众多其他行业的海量企业中，总有一些企业，具备进入跨界创新风口的市场优势、客户资源优势、资源整合优势等，这些优势能够弥补企业技术优势不足的缺憾，使企业进入风口后，具有可以与优势行业的企业抗衡的条件。这类企业，有其他竞争优势加持，一定要抓住机遇，敢于跨界创新。

在其他行业中，也有一些勇于探索新领域而且过度自信的企业，在不具备进入风口的竞争优势时，贸然加入跨界创新的风口博弈，一番轰轰烈烈地投入后，结局总是很惨淡。

因此，对于其他行业的企业而言，具有进入跨界创新风口的竞争优势，是企业跨界的前提条件。

4. 案例分析

在智能手机的跨界创新格局中，优势行业是个人电脑行业，劣势行业是数字手机行业和数码相机行业。一是个人电脑行业：苹果公司从优势行业跨界进入智能手机行业取得成功，成为行业的引领者；个人电脑行业的其他企业并没有抓住跨界进入智能手机风口的有利时机，过早进入的 IBM 消失在市场尚未形成的早期，较晚进入而且没有其他竞争优势加持的联想始终没能问鼎行业头部。二是数字手机行业：诺基亚和摩托罗拉等传统数字手机行业头部公司，从劣势行业进入智能手机行业失败；三星电子凭借资源整合优势快速弥补了技术优势不足的缺陷，从劣势行业进入智能手机行业成功。三是其他行业：华为凭借市场优势和资源整合优势，从其他行业进入智能手机行业成功；格力在既没有技术优势也没有其他优势的情况下，从空调行业进入智能手机行业，结果失败。四是数码相机行业：在智能手机跨界创新格局中，该行业的地位比传统手机行业的地位更加劣势，行业中没有一个企业能够成功跨界进入智能手机行业的头部阵营中。

在移动支付的跨界创新格局中，优势行业是第三方支付行业，劣势行业是 ATM 行业、纸币印刷和信用卡行业等。一是第三方支付行业：支付宝从优势行业跨界进入移动支付行业成功，成为行业的先行者；第三方支付行业的其他企业并没有抓住跨界进入移动支付风口的有利时机。二是 ATM 行业：被移动支付严重冲击，不具备跨界进入移动支付行业的优势和条件。三是纸币印刷和信用卡行业：同样被移动支付严重冲击，但却不具备跨界进入移动支付行业的优势和条件。四是其他行业：微信凭借巨量客户优势，从移动社交行业成功跨界进入移动支付行业，成为行业双雄之一。

（二）误区二：企业越早跨界创新越好

正如前文分析的那样，跨界创新的风口有自己的成长周期。对企业而言，并非越早进入风口跨界创新越好，而是选择在风口相对成熟的时候进入，开发跨界创新产品的品质和性能更有保障，风险更小，也更容易成功。

1. 企业过早进入风口并不明智

风口刚刚具有雏形的时候，支撑风口的技术还不成熟，企业选择在此时进入风口，开发的跨界创新产品难以满足消费者的需要，或者说消费者的产品使用体验感并不好，还不足以对"被跨界行业"原产品市场构成威胁。这样，企业投入巨资进行跨界创新产品的研发，而研发生产出来的原创跨界创新产品，由于产品性能还存在诸多问题，加上市场推广需要的配套技术跟不上，用户使用体验不佳，无法在短期内回收产品研发的巨大投入。

因此，企业早期进入风口开发跨界创新产品，不仅研发投入大，风险大，而且投资回报周期长，投入与回报不对称，从企业经济利益的角度看并不明智。

2. 企业发现早期风口的正常反应

企业发现了跨界创新的早期风口，难以按捺进入跨界创新风口的兴奋和热情，无论从发现新机会不愿放弃的感性角度来说，还是从站位更高的新产品、新技术促进社会进步的理性角度来看，"无动于衷、无所作为"是很难做到的，"有所行动"似乎才是企业的正常反应。

正因如此，当跨界创新的风口乍现雏形的时候，就有技术实力卓越的企业先知先觉，率先进入风口研发原创的跨界创新产品。随后，在风口成熟度低的时候，也会有技术实力雄厚的跟随者先后进入早期风口，开发出第一代跨界创新产品。

跨界创新产品的原创者和早期跟随者，他们选择进入早期风口的行为，从经济利益的角度看并不明智，但是从技术和社会进步的角度看，他们就是真正的英雄和奉献者。这批早期进入风口的跨界者，为新行业产品开发的技术和经验积累做出了很多原创性的贡献，但可惜的是，他们成长为新行业引领者或者头部企业的概率却很低，多数在新行业兴旺之前已折戟沉沙。

企业能够在跨界创新风口的早期，先知先觉地发现风口，本身就说明这些企业是很有洞察力的优秀企业。在发现早期风口后不刻意去回避，而是按照正常反应进入风口，但遗憾的是，尽管这些企业很优秀，然而在产品开发和市场配套技术都不成熟的情况下，开发原创性的跨界产品，仍然很难取得先发优势。

3. 政府和风投对早期进入者的扶持

企业跨界创新，与科技企业开发其他新产品一样，早期技术研发都需要政府研发经费和风险投资的支持。否则，以企业一己之力来承担跨界创新产品的早期研发投入，对企业而言投资风险太大。

政府研发经费支持企业技术创新的初衷，就是鼓励企业做技术创新的原创者，而不是等待最合适的时机摘桃子。早期进入跨界创新风口的企业，既是跨界创新产品技术的原创者，也是政府研发经费重点支持的对象。

风险投资基金的主要投资对象就是高新技术企业，目的是帮助高新技术企业有效平衡高风险和高回报。企业在跨界创新的原创项目中引进风险投资，可以很好地帮助企业分散因原创项目开发周期长所带来的投资风险。

准备早期进入跨界创新风口的企业，应该清醒地认识到自身承担开发原创产品的各种风险，应善于通过整合资源以化解风险。在正式进入风口的准备阶段和进入风口后，都要积极争取政府研发经费的支持，并且通过引进风险投资基金分散企业的投资风险。企业具备这样的资源整合能力，可以帮助企业保存实力，更好地度过早期风口期，有能力与在风口成熟度较高时的后来进入者展开抗衡。

4. 企业进入风口的最佳时机

前文已经分析过，企业在跨界创新风口的早期进入不是最佳时机，而是应根据企业特质的不同，选择在风口成熟度较高或者高的时候进入更好。

能成长为新行业引领者的企业，一般处于跨界创新格局中的优势行业，拥有开发跨界创新产品的显著技术优势，在跨界创新风口成熟度较高时进入风口，凭借性能优良的跨界产品，得到消费者的认可，并快速占领市场，继而取得跨界创新的成功。

5. 案例分析

最早从个人电脑行业跨界进入智能手机风口的 IBM 公司，开发了世界上第一款智能手机，遗憾的是因为该款手机功能少，加上当时还没有移动网络，并没得到消费者和市场的认可。随后的早期跟随者摩托罗拉、爱立信、诺基亚和 RIM 公司都是传统数字手机行业巨头，他们开发的早期智能手机都曾经在市场上取得过阶段性的成功。然而，在移动网络技术快速发展并广泛应用后，苹果公司凭借技术优势，从个人电脑行业跨界进入智能手机行业，凭借产品的卓越性能，快速击垮了从传统数字手机行业进入智能手机行业的早期跟随者群体，成为行业的引领者。

即时通信软件的鼻祖 ICQ 诞生于 1996 年，现在在行业内已没有影响力。在风口成熟度较高时进入即时通信软件行业的美国在线、腾讯、雅虎和微软，在 PC 端时代都曾取得过成功。移动端时代来临后，只有腾讯的 QQ 转型成功，其他 PC 端巨头都已没落。Facebook 于 2012 年跨界进入即时通信软件行业，同年收购了 Instagram，2014 年又正式收购了 WhatsApp，从而异军突起，快速变身为全球 IM 软件行业的双寡头之一。腾讯凭借成功转型的 QQ 和微信成为与 Facebook 并肩的行业双雄之一。

（三）误区三：企业跨界创新是神来之笔

跨界创新带给世界的故事之神奇，变化之宏大，仿佛非人力所能及。所以，很容易给人一种错觉："跨界者的成功是无意中的神来之笔，并非刻意谋划而成"。事实上，跨界创新是有内在客观规律可遵循的，按照客观规律提前布局，正确谋划，精准施策，可以大幅度提高跨界创新成功的概率。

1. 神来之笔的错觉

神来之笔一般指作品创作时好像受到神灵的启示而顿生灵感，使作品精彩之极，竟如天授一般。为什么会有跨界创新是神来之笔的错觉呢？是因为跨界创新的风口仿佛天神降临一般突然出现，蕴含着改变世界的神奇力量；也因为最后在市场上引领风骚的跨界创新产品精彩之极，仿佛受到神灵的启示才能够被创造出来，令消费者痴迷，深度改变了人类的生活方式；还因为跨界创新的成功者，占尽天时地利人和，往往崛起得太快，故事过于神奇，竟如天授使命一般。

错觉的产生，究其根源，是因为跨界创新的企业实践领先于理论研究。在大家还没摸清跨界创新的规律之前，企业跨界创新一系列的成功实践，已经带给了世界巨大的变化和震撼，世人在强烈的懵懂感和认知冲击之下，普遍产生了跨界创新是神来之笔的错觉。

事实上，揭开"神来之笔"的面纱后会发现，无论是跨界创新风口的产生，还是市场上广受消费者喜爱的跨界创新产品的流行，乃至跨界创新引领者的成功，都有其内在的事物发展的客观规律可遵循，并非天授的神来之笔。

所以，在跨界创新时代，企业应该积极主动地研究跨界创新的客观规律，并依据规律提前布局，以便更好地抓住跨界创新带来的机遇，尽可能地减轻跨界创新带来的冲击。

2. 提前布局的目的和意义

如前文分析的那样，过早进入跨界创新的风口并非好的抉择，那么，提前布局跨界创新，目的和意义又何在呢？

提前布局并不等于要在风口的早期进入风口，而是为在合适时机进入风口做好准备工作。也就是说，提前布局的目的是为企业在合适时机进入跨界创新的风口，做好技术、前期产品、市场等方面的积累和储备工作，做好战略调整和资源整合等前期工作，一旦进入风口的时机成熟，企业可以在竞争优势凸显的状态下迅速进入，做到以最佳的状态在最有利的时机加入跨界创新的风口进行博弈。

提前洞察跨界创新的风口，研究了解风口的规律，才能更加有的放矢地为进入风口做好准备工作；提前做好战略调整和资源整合工作，才能变被动为主动；提前准备充分、打好基础，才能在时机成熟时具有竞争优势。

3. 提前布局应做的工作

第一，发现、识别并评价即将出现的跨界创新风口。按照识别跨界创新风口的三大逻辑线索，发现即将出现的风口，评价这个风口将会有多大的影响力，将会产生多大的市场价值，判断企业值不值得积极准备进入这个风口。如果这个风口值得进入，接下来就要分析企业是否具备进入风口的条件。

第二，判断企业是否具有进入风口的先天优势。分析企业在这个跨界创新风口的格局中所处的位置，是处于优势行业、劣势行业还是与风口关联度低的其他行业。如果处于优势行业，则具备跨界创新的技术优势，如果处于劣势行业和其他行业，则需要分析是否具备其他优势可以弥补技术缺陷。如果企业具有进入风口的先天优势，则需要采取措施进一步巩固和强化优势，等待进入风口的有利时机。如果企业不具备进入风口的竞争优势，则需要认真谋划研究如何变劣势为优势。

第三，企业及时调整战略，通过资源整合变劣势为优势。企业身处劣势行业或者其他行业，且没有其他优势弥补技术优势不足的缺陷，便不具备进入风口的先天优势。在这种局面之下，如果不提前布局，当优势行业的企业跨界之时，劣势行业的企业根本没有准备的时间，就会被击溃；同理，其他行业中的企业也会很快失去进入风口的机遇期。如果提前布局，完全可以调整企业发展战略，通过资源整合的方式聚集开发跨界创新产品的技术和人才，积累生产优势行业产品和开发跨界创新产品的经验，提前补足技术短板，变劣势为优势，等待进入风口最佳时期的到来。

4. 资源整合是改变企业命运的关键

那些处在劣势行业和其他行业中的企业，如何通过资源整合变劣势为优势呢？资源整合的目标是尽快补足技术短板，在尽可能短的时间内怎么实现这个目标呢？最佳方法有两个：一是提前收购优势行业中的技术研发能力强的企业；二是成立新产品研发团队，招聘优势行业中的顶尖技术人员加入研发团队。

收购优势行业中的技术研发能力强的企业，事实上就等于借助被收购的企业进入了优势行业。这一招必须要在风口还不显眼时实施，否则难以成功。在风口现形之前实施，一是收购容易达成；二是收购后还有时间为进入风口做好其他准备工作。

招聘优势行业中的顶尖技术人员组建新产品研发团队，事实上是企业成立了进入风口的"尖刀班"，也意味着企业提前为进入风口做好了战略转型和技术储备工作。若在风口现形之前运用该策略，需要企业有实力投入大量的研发费用，并承担早期进入风口的较大风险。若在风口成熟度较高时运用该策略，企业招聘技术人员的难度更大、费用更高，不过，一旦团队组建成功，进入风口逆袭取胜的概率很大。

参考文献

[1] Enkel E, Bader K. Why Do Experts Contribute in Cross – industry Innovation? A Structural Model of Motivational Factors, Intention and Behavior [J] . R&D Management, 2016, 46 (S1): 207 –226.

[2] Enkel E, Gassmann O. Creative Imitation: Exploring the Case of Cross – industry Innovation [J] . R&D Management, 2010, 40 (03): 256 –270.

[3] Gassmann O, Daiber M, Enkel E. The Role of Intermediaries in Cross – industry Innovation Processes [J] . R & D Management, 2011, 23 (04): 125 –129.

[4] Karoline Bader. How to Benefit From Cross – industry Innovation? A Best Practice Case [J] . International Journal of Innovation Management, 2013, 17 (6): 1 –26.

[5] Nooteboom B, Haverbeke W V, Duysters G, et al. Optimal Cognitive Distance and Absorptive Capacity [J] . Research Policy, 2007, 36 (07): 1016 –1034.

[6] Nooteboom B. Inter – firm Alliances: Analysis and Design [M] . New York: Routledge, 1999.

[7] Smith J M, Price G R. The Logic of Animal Conflict [J] . Nature, 1973, (246): 15 –18.

[8] Smith J M. Evolution and the Theory of Games [M] //Did Darwin Get It Right? . Boston, MA: Springer, 1988: 202 –215.

[9] Taylor P D, Jonker L B. Evolutionary Stable Strategies and Game Dynamics [J] . Mathematical Biosciences, 1978, 40 (78): 145 –156.

[10] Weibull J W. Evolutionary Game Theory [M] . Cambridg: The MIT Press, 1997.

〔11〕陈超．大数据技术推动网络营销发展〔J〕．商情，2013（42）：42＋58．

〔12〕冯云鹏．社会稳定风险评估政策文本分析〔D〕．沈阳：东北大学硕士学位论文，2014．

〔13〕高红岩．战略管理学〔M〕．北京：北京交通大学出版社，2012．

〔14〕韩忍冬．奥林巴斯百年巨头的困惑〔J〕．中国新时代，2018（06）：42－47．

〔15〕郝玉洁，谌黔燕．人类与电脑——计算机文化〔M〕．成都：电子科技大学出版社，2007．

〔16〕胡昌昊．浅析人工智能的发展历程与未来趋势〔J〕．经济研究导刊，2018（31）：33－35＋196．

〔17〕黄津孚．持续经营的对策〔J〕．企业管理，2005（09）：86－87．

〔18〕金明，钱庆敏，王莹．浅析面向移动商务用户的知识服务〔J〕．商场现代化，2014（32）：60．

〔19〕瞿云华，谭靖．尽快建立基于预防的全社会的风险管理岗位职责体系〔J〕．管理观察，2012（26）：26－28．

〔20〕李国强．被移动支付抛弃的广电运通〔J〕．证券市场周刊，2018（15）：11－12．

〔21〕李晓芳，何俊．智能自动驾驶汽车的轨迹优化〔J〕．价值工程，2017（21）：137－138．

〔22〕李心怡．对于微信钱包的研究探讨〔J〕．中国商论，2017（01）：31－32．

〔23〕刘辉．跨界创新：原理、方法与实践〔M〕．北京：人民日报出版社，2018．

〔24〕刘检华．智能制造与工业4.0、数字化制造的异同〔J〕．国防制造技术，2016（03）：29－31．

〔25〕刘琳．微信支付在未来移动支付中的应用研究〔J〕．中小企业管理与科技，2015（12）：215．

［26］刘玉鹏．移动互联网背景下企业网络营销模式研究——以 S 餐饮公司为例［D］．济南：山东大学硕士学位论文，2017.

［27］刘玉忠．推动社会进步不容忽视的科学技术——"黑科技"［J］．创新科技，2016（11）：62－63.

［28］马振贵．从印度市场崛起看中国品牌国际化［J］．上海信息化，2017（07）：48－50.

［29］每日经济新闻．移动支付猛进棒击昔日新三板明星股净利润暴跌九成［EB/OL］．（2018－03－25）［2020－12－30］．https：//www.sohu.com/a/226340966_313745.

［30］潘婷．网络关系与企业跨界创新的关系研究——基于美第奇效应理论［J］．价值工程，2019，38（20）：277－279.

［31］彭新武．竞争优势：流变与反思［J］．中国人民大学学报，2008（05）：94－100.

［32］乔峰，黄培清，宋高歌．聚焦索尼冲击波［J］．企业管理，2004（08）：62－64.

［33］任春苗．论"价格战"——以任天堂与索尼、微软为例［J］．商，2016（26）：131.

［34］任宪金，张玉梅．企业财务风险的成因及防范措施［J］．新财经（理论版），2012（02）：243.

［35］邵云飞，党雁，王思梦．跨界创新在突破性技术创新模糊前端的作用机制［J］．科技进步与对策，2018，35（22）：8－16.

［36］沈国梁，卢嘉．跨界战［M］．北京：机械工业出版社，2010.

［37］孙晔，吴飞扬．人工智能的研究现状及发展趋势［J］．价值工程，2013（28）：15－17.

［38］陶小龙，甘同卉，张建民，姚建文．创业型企业跨界创新模式建构与实现路径——基于两家典型企业的探索性案例研究［J］．科技进步与对策，2018，35（14）：73－80.

［39］万雷．论人工智能的现状与发展方向［J］．科技风，2012（15）：54.

［40］王元喆．人工智能及其在计算机通信领域的应用［J］．中国科技投资，2018（04）：286.

［41］王寨．绩效主义毁了索尼［J］．企业文化（上旬刊），2014（10）：77.

［42］严惠蓁．利用投资组合进行投资风险管理实证研究［J］．中国科技投资，2017（24）：214.

［43］余欣荣．物联网：改变农业、农民、农村的新力量［M］．合肥：安徽科学技术出版社，2012.

［44］於军，孟宪忠．从企业实践看跨界创新［J］．企业管理，2014（09）：72－76.

［45］岳然．徕卡的百年传奇［J］．中国新时代，2017（10）：44－49.

［46］张立波．跨界创新［EB/OL］．（2014－03－17）［2020－12－30］．http：//blog. sina. com. cn/s/blog_ 4e81a36f0101jy2t. html.

［47］张倩，唐立岩．基于移动互联网技术的气象科普产品开发探索——以桌面气象站类产品为例［J］．科技传播，2018（12）：19－21.

［48］张青．跨界协同创新运营机理及其案例研究［J］．研究与发展管理，2013，25（06）：114－126.

［49］张志杰．浅析现代汽车机电技术的发展趋势［J］．科学与信息化，2017（10）：54－56.

［50］章长城，任浩．企业跨界创新：概念、特征与关键成功因素［J］．科技进步与对策，2018，35（21）：154－160.

［51］赵柯澜．高科技领域的法律问题及其对策研究——以无人驾驶汽车为例［J］．法制博览，2018（12）：27－30.

［52］郑施雨．自动驾驶车辆换道过程建模与分析［D］．成都：西南交通大学硕士学位论文，2018.

［53］中国新闻网．中国ATM龙头转型　全要素布局人工智能［J］．技术与市场，2019（05）：1.

［54］周智海．风险管理的新趋势：风险自留［J］．北京工商大学学报（社会科学版），2002，17（01）：40－43.

后　记

　　本书的研究和出版工作得到了湖北文理学院工商管理学科建设经费的资助。此外，在书稿的撰写过程中，经单位批准，笔者于 2018 年 9 月起，在中国人民大学财政金融学院师从张成思教授访学一年，从而有了充裕时间在人大图书馆认真查阅资料，反复推敲并确定书稿的总体框架，这期间完成了书稿主体部分的撰写工作。在此，对湖北文理学院的资助和支持，中国人民大学导师张成思教授的指导，表达真挚的感谢。

　　本书的研究得益于专家指导和团队合作。中南民族大学翟华云教授曾多次与笔者共同探讨书稿中的一些科学问题，本书是国家社会科学基金项目（20BGL074）的成果之一。本书中"企业跨界创新的演化博弈分析和策略选择"这一部分的研究工作，在模型分析的难点问题上得益于中国人民大学张顺明教授的指导；在外文文献的收集与整理工作上得到了中国人民大学王妍婕博士的帮助；在书稿的文献整理、文字排版和图表处理等工作中，得到了笔者所在工商管理学科团队的卢君生教授和邹芸螺老师的帮助。

　　书稿撰写需要大量的时间和精力，也需要灵感和思路。笔者在本书撰写的过程中，不仅得到了家人在写稿时间上的支持，也在与家人、同学和企业家朋友的交流中，受到了很多启发，非常感谢亲友们给予的帮助和启迪。在撰写"跨界创新的风口"这一章节时，特别感谢我的儿子薛启凡，他的一句话"预测未来风口比总结过去的风口更有意义"，使我打开了写作思路，改变了研究与写作重点。

　　在本书完稿之际，谨向笔者单位和所有帮助过笔者的师生、亲友、同事献上最真挚的谢意！

朱艳阳

2021 年 2 月 8 日